BORDERS

JEAN-MICHEL ANDRÉ

BORDERS

TEXTE DE WILFRIED N'SONDÉ

ACTES SUD

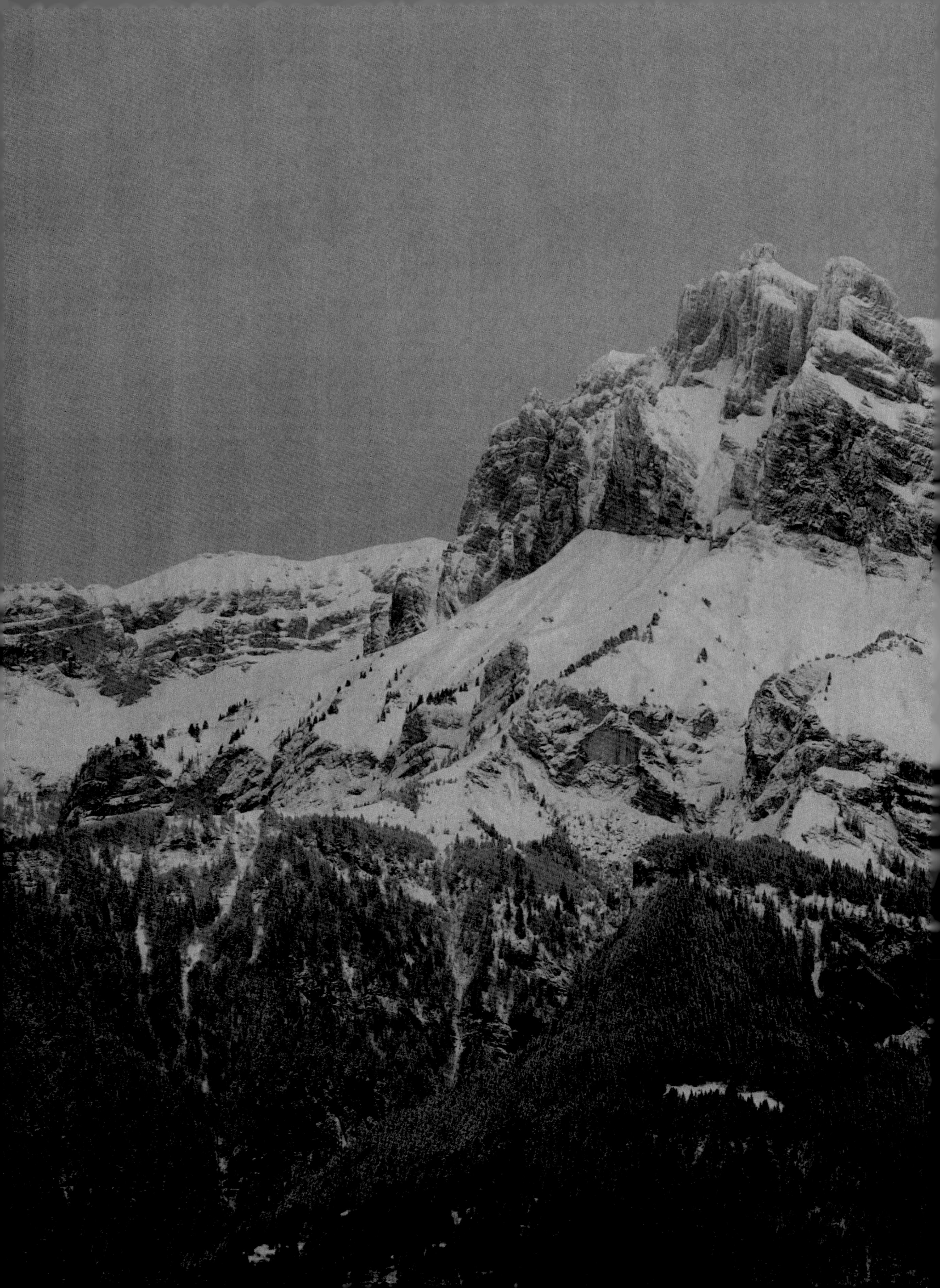

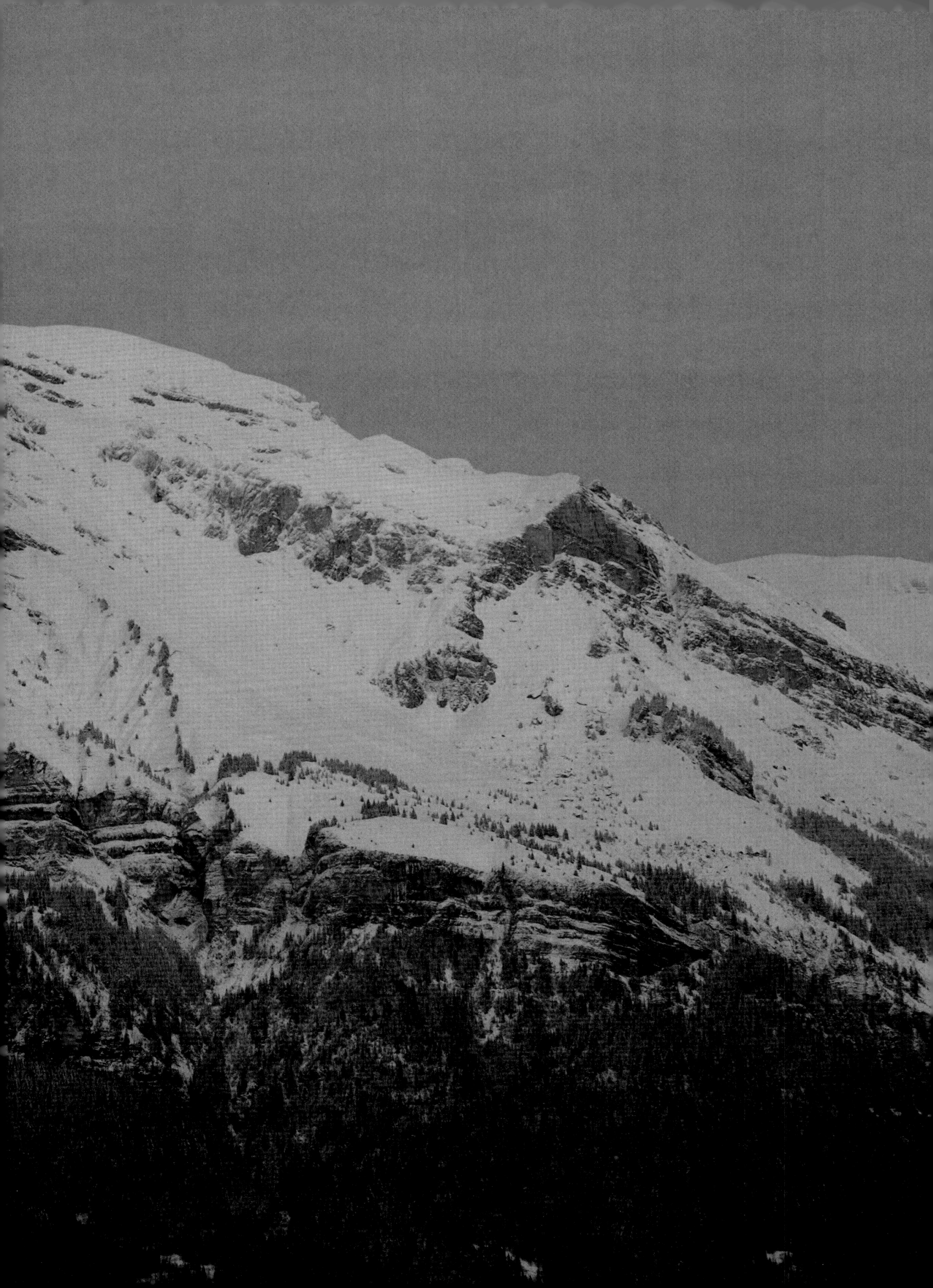

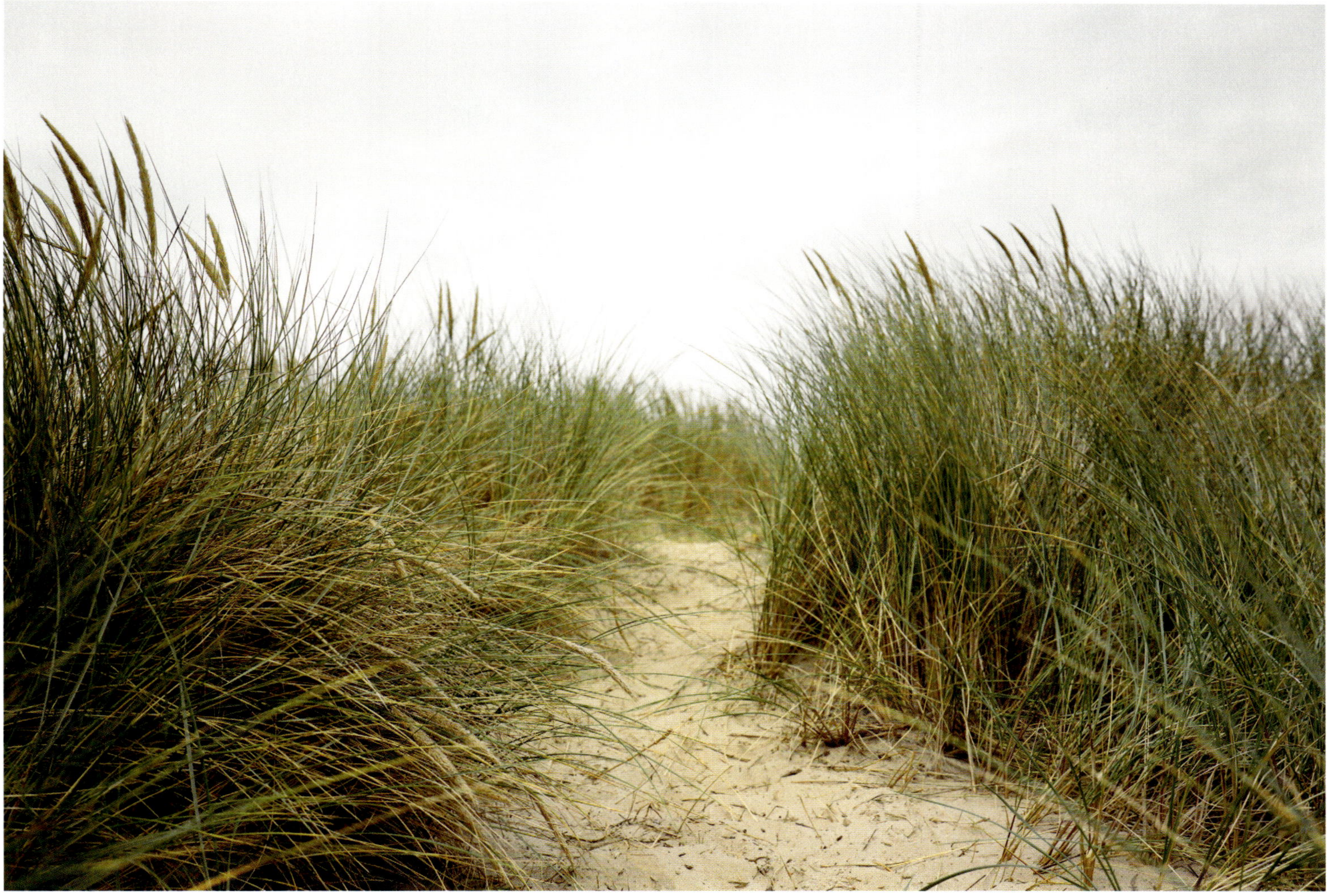

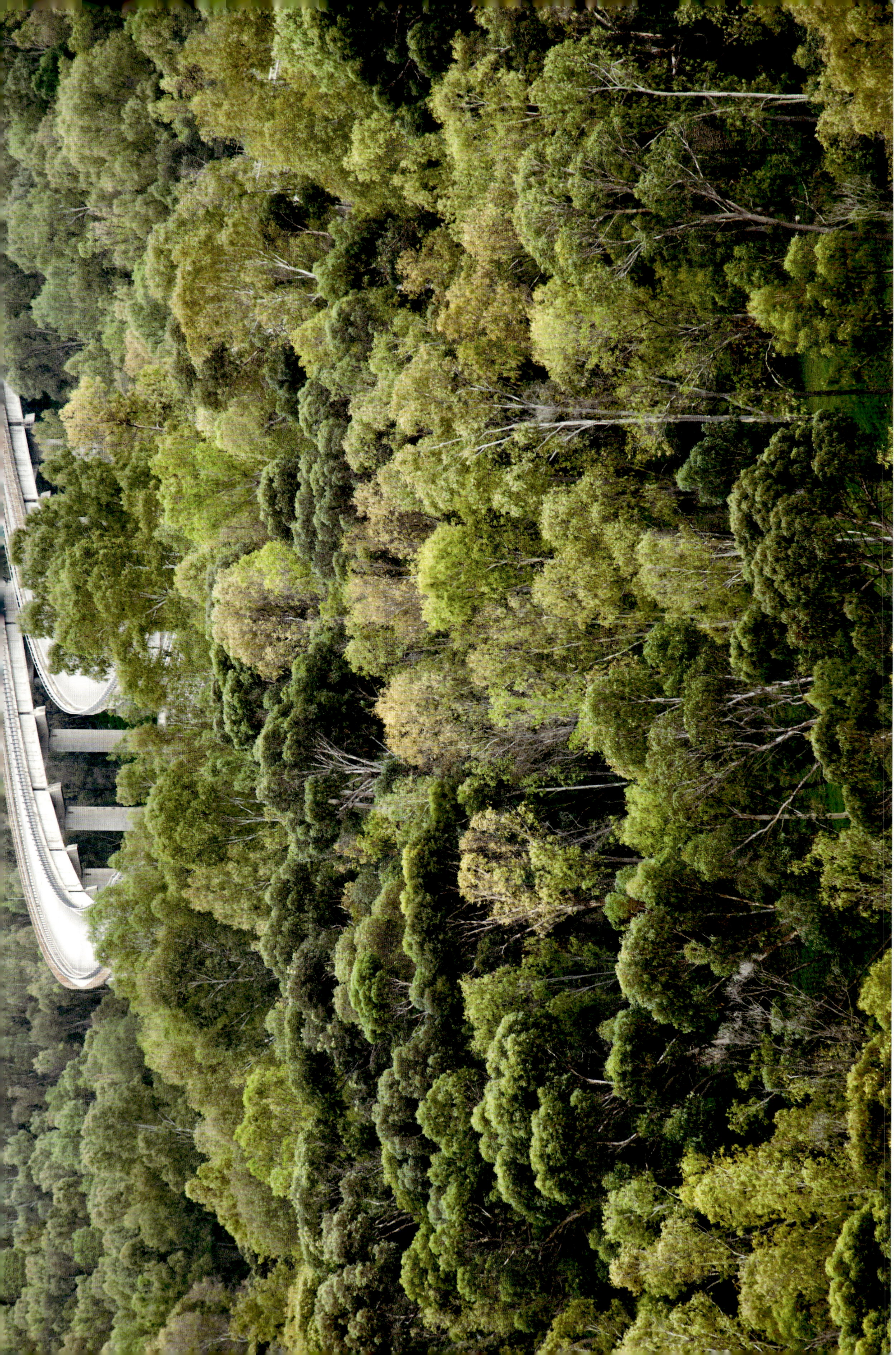

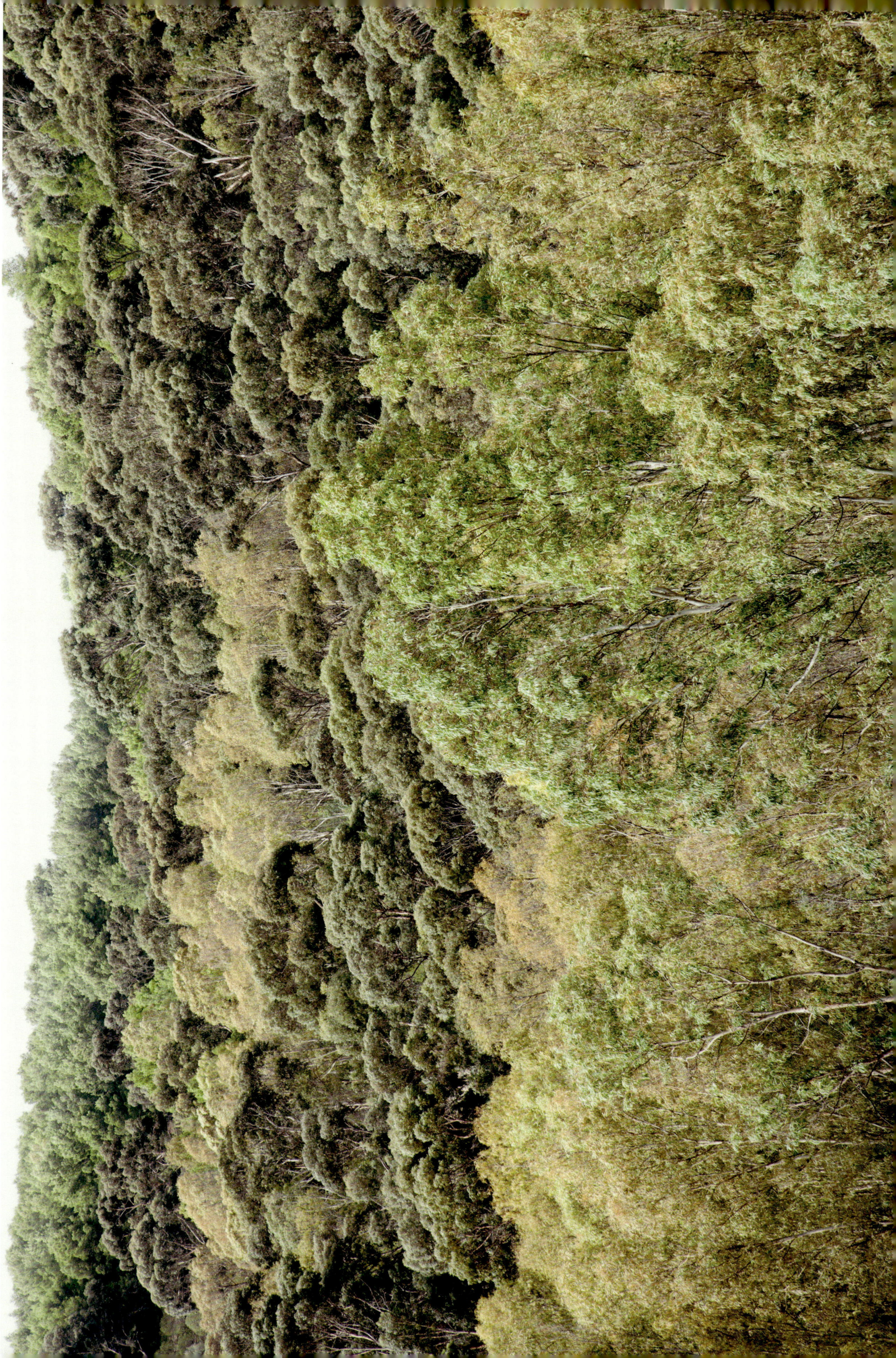

Frontières – tracés artificiels et sinistres flétrissures de l'horizon… Qui ignore encore que l'humain est entité debout, en mouvement perpétuel ? Ces barrières infligées à la Terre lacèrent la course des vents et donnent à leurs souffles des accents funèbres.

Elles sont le point final des rêves d'accueil, le coup d'arrêt des espoirs de lendemains meilleurs. Des lambeaux de chair, de la peau et du sang ornent les murs et les grillages hérissés de barbelés, du métal pour stopper les corps. *Check points*, miradors, cicatrices des paysages, sentinelles qui font d'un songe un cauchemar.

Qui sont-elles, ces silhouettes sans nom qui s'y précipitent la peur au ventre, poussières errant au milieu du désert, points qui clignotent et se déplacent lentement sur l'écran d'un radar balayant la surface de la mer ?

Enfants, femmes, hommes en partance, devenus traits d'union entre les mondes d'opulence et les contrées de misère. Ils se lèvent, grondent, brouillent les certitudes d'hier et démasquent les mensonges d'aujourd'hui.

Ils sont ceux qui se couchent dans la boue, manquent de s'enliser, résistent pourtant et se noient parfois sous la vague déferlante. Des fuyards, un pas, puis un autre, encore un effort vers l'avant, ne jamais abandonner, ils sont habités par une force irrésistible, l'attrait de là-bas… atteindre l'autre côté, à n'importe quel prix.

Derrière eux l'univers a rétréci, le bonheur s'est tari quand l'existence s'est transformée en une série de points d'interrogation, sans réponse apaisante. Ils laissent dans leur dos des bribes de civilisations, des mémoires collectives troubles et mal assumées qui s'égarent dans les musées, curiosités ethnologiques, singularités anthropologiques, peuples en voie de disparition. Mutisme d'un présent qui ne leur propose rien pour demain. Aucune alternative.

Ne reste que l'évasion, la fuite. Des étincelles dans les yeux, l'ailleurs ! L'ailleurs, comme une esthétique du devenir ! Un vertige pour y croire, à la délivrance, encore et encore. Une bouffée d'oxygène alors que l'on dévale le flanc d'une montagne à toute vitesse.

L'espérance les a transformés en machines à survivre, prêtes à donner leur vie pour s'offrir l'étreinte de bras ouverts, à enjamber des cours d'eau infranchissables, à supporter les rayons du zénith dans un paysage nu, désolé, quand la lumière devient une flamme qui pique la peau.

Et la soif qui rend fou…

Toujours pressés, aux abois. Pour avancer, ils doivent développer l'instinct qui repère le sens de la brise, et s'engouffrer dans son sillon.

Ils progressent à grandes foulées, forts encore, enivrés de lendemains lumineux. Elles, ils, tous conditionnés, formatés, obsédés par le grand départ. Une envie de beau, de sécurité et de confort qui s'est transformée en une ébullition. Une nécessité qui s'est imposée :

la seule issue possible.

Quand la terre de l'enfance s'est consumée, ne reste que la débandade, un élan irrésistible qui se moque des périls. Promettre de ne jamais se renier. Humer les parfums connus depuis l'enfance, les saveurs particulières charriées par les vents du pays. Graver les images du foyer profond dans le souvenir, conserver de petits détails, trois, quatre minuscules bricoles qui résument les années passées.

S'en aller, un déchirement, pour respirer, vivre enfin, plus tard, là-bas, au-delà des frontières. Et un jour enfin, le voyage, à l'aube, comme une nouvelle naissance, avec le cerveau qui bourdonne. La poitrine bat la chamade, les genoux tremblent – beaucoup de courage et encore plus d'appréhension. Quand l'heure du départ sonne, en vérité c'est le glas qu'ils n'entendent pas.

Très vite, hier fait partie d'un passé lointain, et déjà plane le spectre du non-retour. Dès le début, ceux qui s'engagent sur les chemins d'espérance existent dans l'absence, dans l'envers du monde. Ils s'en vont, vacillent, se traînent comme ils peuvent. Avancer, toujours plus loin… Les pieds dans le sable, ils reniflent l'air ambiant, halètent, tournent en rond, cherchent, cherchent, oui comme ça, jusqu'en dessous de la barrière. Trouver un passage. Se repérer la nuit, à quatre pattes pour se faufiler, gratter les couches de sédiments. Peiner jusqu'au sang.

Aux aguets, constamment, puisque la seconde qui vient peut signifier l'entrée en enfer.

Le basculement dans l'horrible, le désastre. Ils sont la proie de toutes les prédations.

Anticiper les coups à venir, les cicatrices sur le corps, les plaies de l'âme qui ne guériront plus.

Les humiliations.

Même si leur pouls a déjà ralenti, se contrôler, respirer, garder son sang-froid. Ils se sont endurcis
depuis l'envol hasardeux, vers l'inconnu. Corps maigres, proches de la chute,
équilibre précaire, ailes de plomb.
Leur ciel s'assombrit ici, dans la fange, dans le noir des abysses souterrains, le royaume de ceux
qui se couchent à même le sol, implorent, tête basse.
La solitude.

Alors commence le chaos, il s'invite à la vue de tous sur les écrans, et brave l'humanité. Plus tard,
certains deviennent cadavres, une hécatombe qui s'embourbe au fond des mers.
À la lueur des étoiles se devine quelque chose d'invisible, d'immatériel et d'intense qui, encore
ceint aux corps, s'enfonce lentement dans les flots.

D'autres disparaissent dans l'oubli des chaînes et des barreaux et s'accrochent
malgré tout à un songe éveillé.

L'exil tous azimuts précipite la fin d'un temps, et annonce un monde nouveau,
incertain mais plein de promesses…
Avec la misère dans les bagages qui repousse les limites, redessine les continents
et suggère des contours inédits.

Ils arrivent, avec pour unique richesse le temps infini de l'espoir !

Dès qu'ils s'extraient de l'ombre, les mots enchantés qui sortaient de leurs lèvres,
la nuit, se taisent. Plus aucune chanson à tue-tête pour se galvaniser… L'angoisse s'invite et mine
les âmes. Heureusement, la beauté du silence murmure parfois de doux lendemains,
lumières d'un phare, chimère ou folie, qu'importe !

Le mirage d'une aube éclatante s'entête derrière les traits tirés et la mine de chien battu,
quand l'espoir se cherche une issue et tourne en rond.

Le miracle une fois le dernier obstacle franchi, annonce de prochaines incertitudes.
Exister en suspens. Se redresser. Garder la tête haute en attente d'une étincelle.
La dignité, quoi qu'il advienne.
Ignorer les lèvres pincées, les gestes du refus, le mépris. Tenter, encore et encore,
si près du but, ne pas abandonner, ne pas chuter. Y croire, encore. Les doigts écorchés,
les ongles brisés, les muscles meurtris, l'amour propre piétiné.

Dans leurs pensées plane la menace du retour, la hantise de l'échec cinglant.
Les souvenirs saturés par le courroux des éléments, et par la cruauté des hommes,
garderont intacts les récits des nuits froides, au crépuscule de la faim.

À genoux, mais toujours prêts à tout pour caresser un peu, un tout petit peu,
le bonheur perché là-haut, au-dessus des doutes d'un destin confisqué.

Déambulation aléatoire de volontés contrariées, rongées par l'effroi et par l'inquiétude à chaque
instant, tapies dans l'angle mort d'un souhait qui s'éloigne souvent, revient parfois et étire le
calvaire jusqu'aux abords du désespoir. Une épopée interminable, des semaines, des mois
perdus parmi des flots d'amertume, de larmes. Ne subsistent que les battements furtifs de
cœurs éprouvés. Ils dépérissent dans les ultimes soubresauts d'une lueur lointaine, ballottés
entre le supplice de l'attente et le miel d'une illusion qui persiste, sans boussole dans les
ténèbres. L'écho des destins naufragés faiblit. Ces cris étouffés rappellent au monde l'insatiable
désir d'avenir d'une multitude d'anonymes, ensemble ils forment un chœur dissonant qui
s'éparpille dans les airs. Ces clameurs désespérées se dispersent, elles effacent
les tracés arbitraires qui morcellent les paysages et divisent l'humanité.
Le ronronnement des marées continuera longtemps à lécher les plages et les falaises, bien après
les derniers soubresauts des Hommes. Le vent emportera les mots d'amour, les paroles de haine,
et les vaines prières aux dieux. La houle engloutira des guirlandes d'effets personnels, habits,
souliers, jouets abandonnés sur les côtes, mais l'incommensurable détresse échouée sur les
frontières restera, indélébile, dans la mémoire du temps.

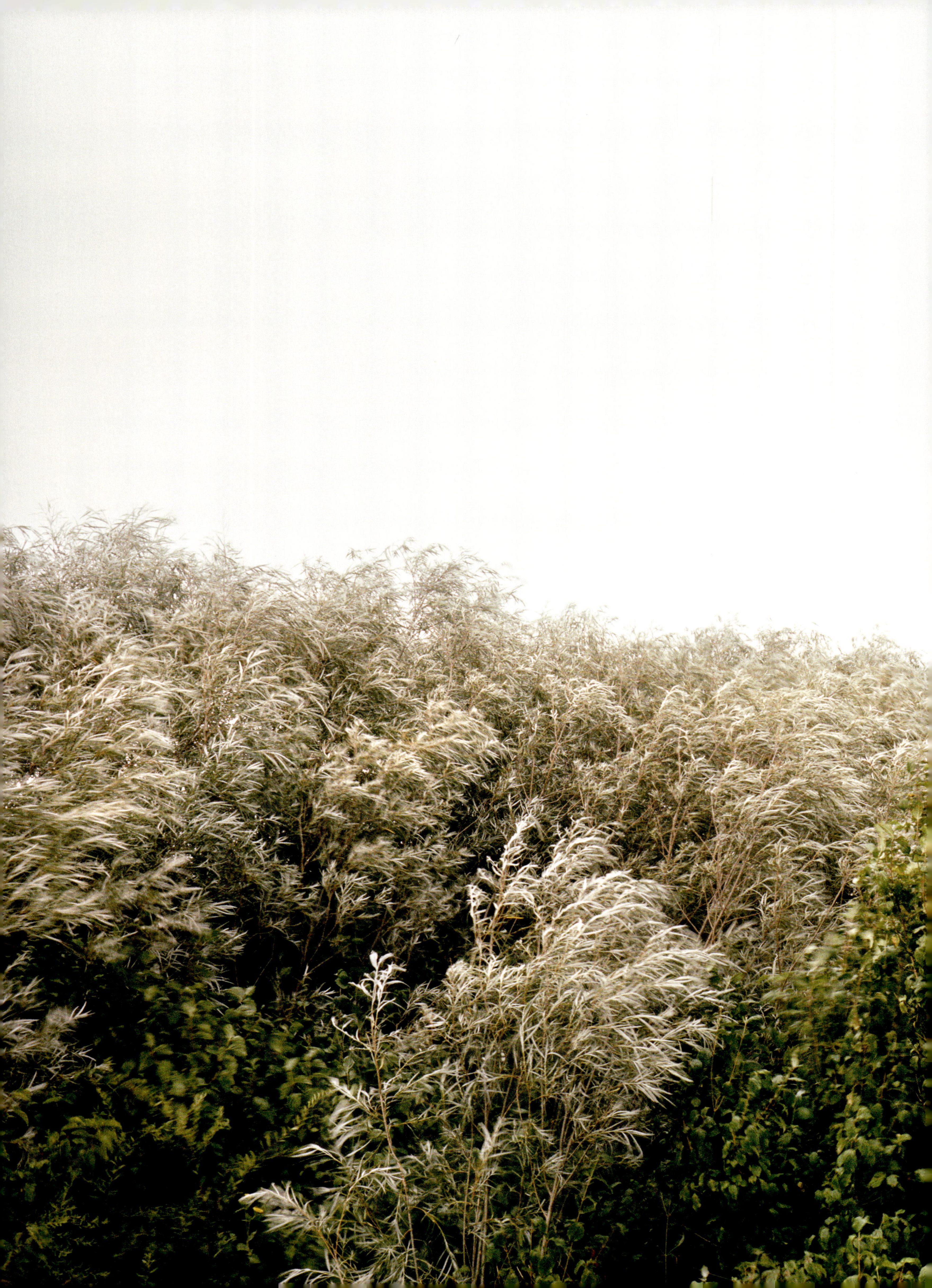

Frontières – tracés artificiels et sinistres flétrissures de l'horizon… Qui ignore encore que l'humain est entité debout, en mouvement perpétuel ? Ces barrières infligées à la Terre lacèrent la course des vents et donnent à leurs souffles des accents funèbres.
Elles sont le point final des rêves d'accueil, le coup d'arrêt des espoirs de lendemains meilleurs. Des lambeaux de chair, de la peau et du sang ornent les murs et les grillages hérissés de barbelés, du métal pour stopper les corps. *Check points*, miradors, cicatrices des paysages, sentinelles qui font d'un songe un cauchemar.
Qui sont-elles, ces silhouettes sans nom qui s'y précipitent la peur au ventre, poussières errant au milieu du désert, points qui clignotent et se déplacent lentement sur l'écran d'un radar balayant la surface de la mer ?
Enfants, femmes, hommes en partance, devenus traits d'union entre les mondes d'opulence et les contrées de misère. Ils se lèvent, grondent, brouillent les certitudes d'hier et démasquent les mensonges d'aujourd'hui.

Ils sont ceux qui se couchent dans la boue, manquent de s'enliser, résistent pourtant et se noient parfois sous la vague déferlante. Des fuyards, un pas, puis un autre, encore un effort vers l'avant, ne jamais abandonner, ils sont habités par une force irrésistible, l'attrait de là-bas… atteindre l'autre côté, à n'importe quel prix.

Borders—artificial markers, a blight on the horizon ... Can anybody not know that the human is an upright being, perpetually in motion? These barriers inflicted on the Earth lacerate the course of the winds and lend their breeze a funereal accent.

These barriers put a stop to dreams of welcome, put a stop to the hope for better tomorrows. Flaps of flesh, skin, blood ornament the walls and fencing, bristling with barbed wire and metal to halt bodies. Checkpoints, watchtowers, sentinels, scars on landscapes—making dreams into nightmares.

Who are these nameless silhouettes with fear in their hearts, scrambling, these wandering specks of dust in the middle of the desert, these flickering dots slowly moving around on the radar screen sweeping the surface of the sea?

Children, women, men bound for ... somehow connecting worlds of abundance and lands of destitution. They rise up, grumble, muddle the certainties of yesterday and uncover the lies of today.

They lay in mud, nearly sinking, resist, yet some do go under in the breaking waves. Fugitives, one foot before the other, they attempt one more time to go forward, never giving up. Inhabited by an unstoppable force, compelled to get over there, to reach the other side, at all costs.

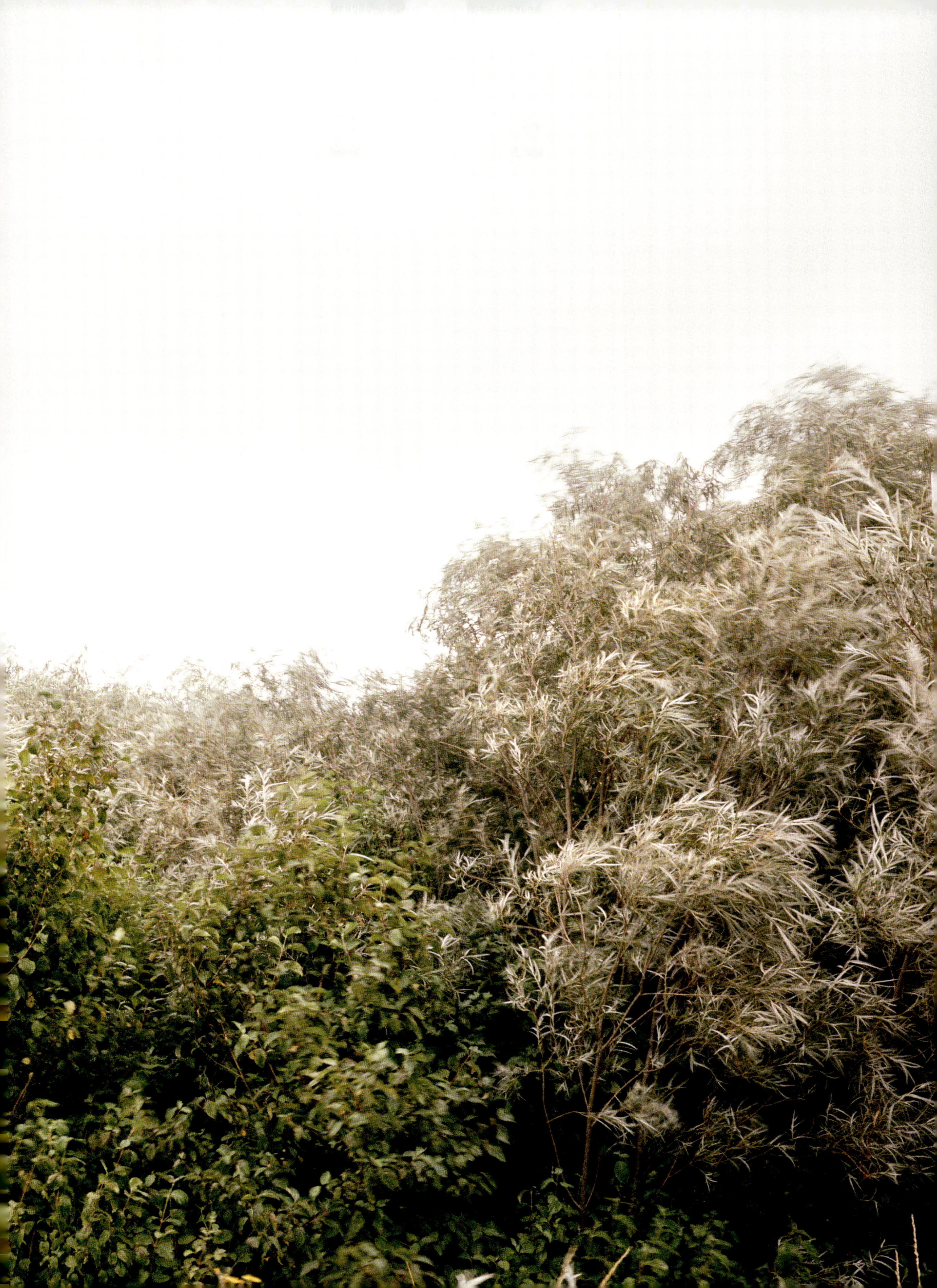

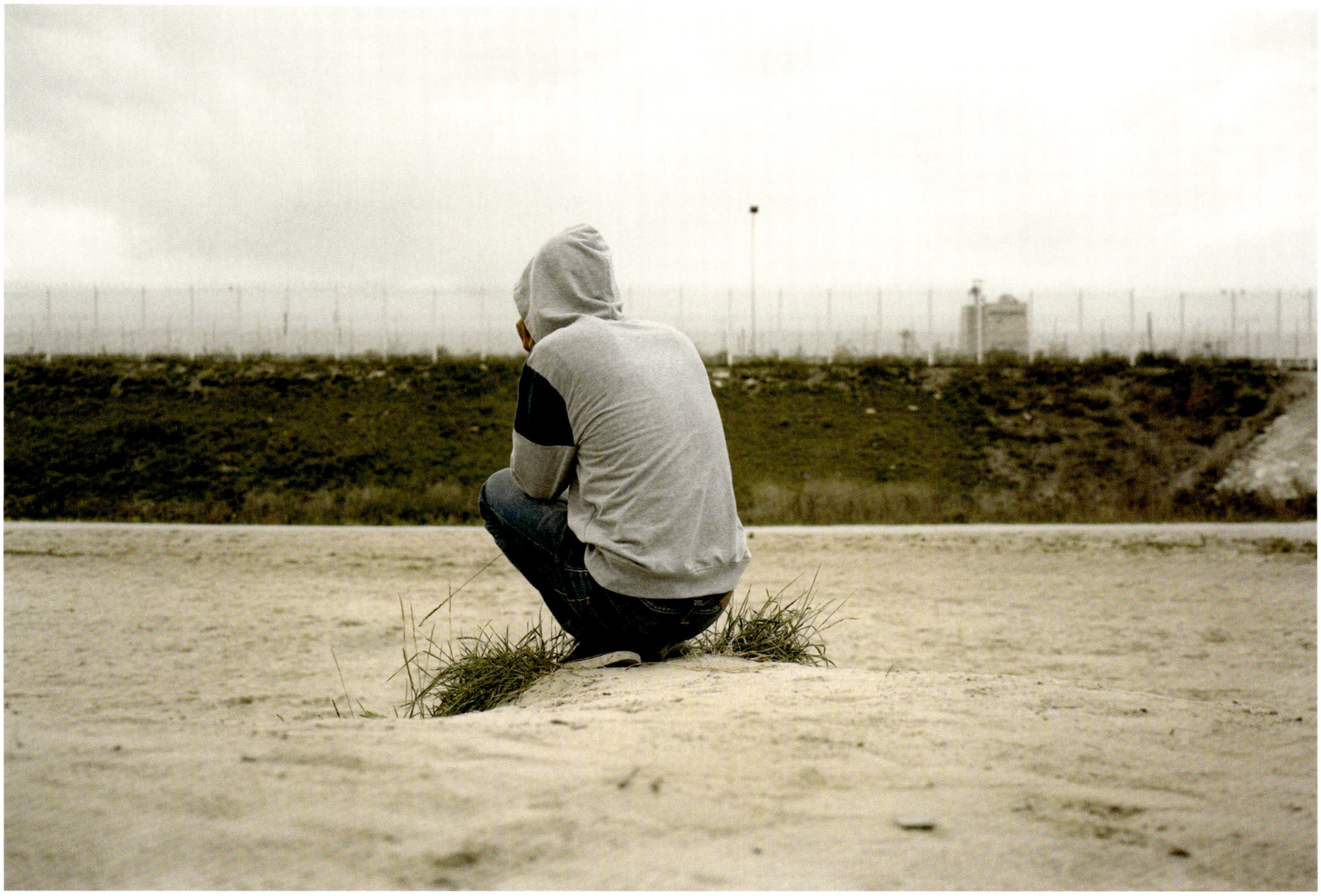

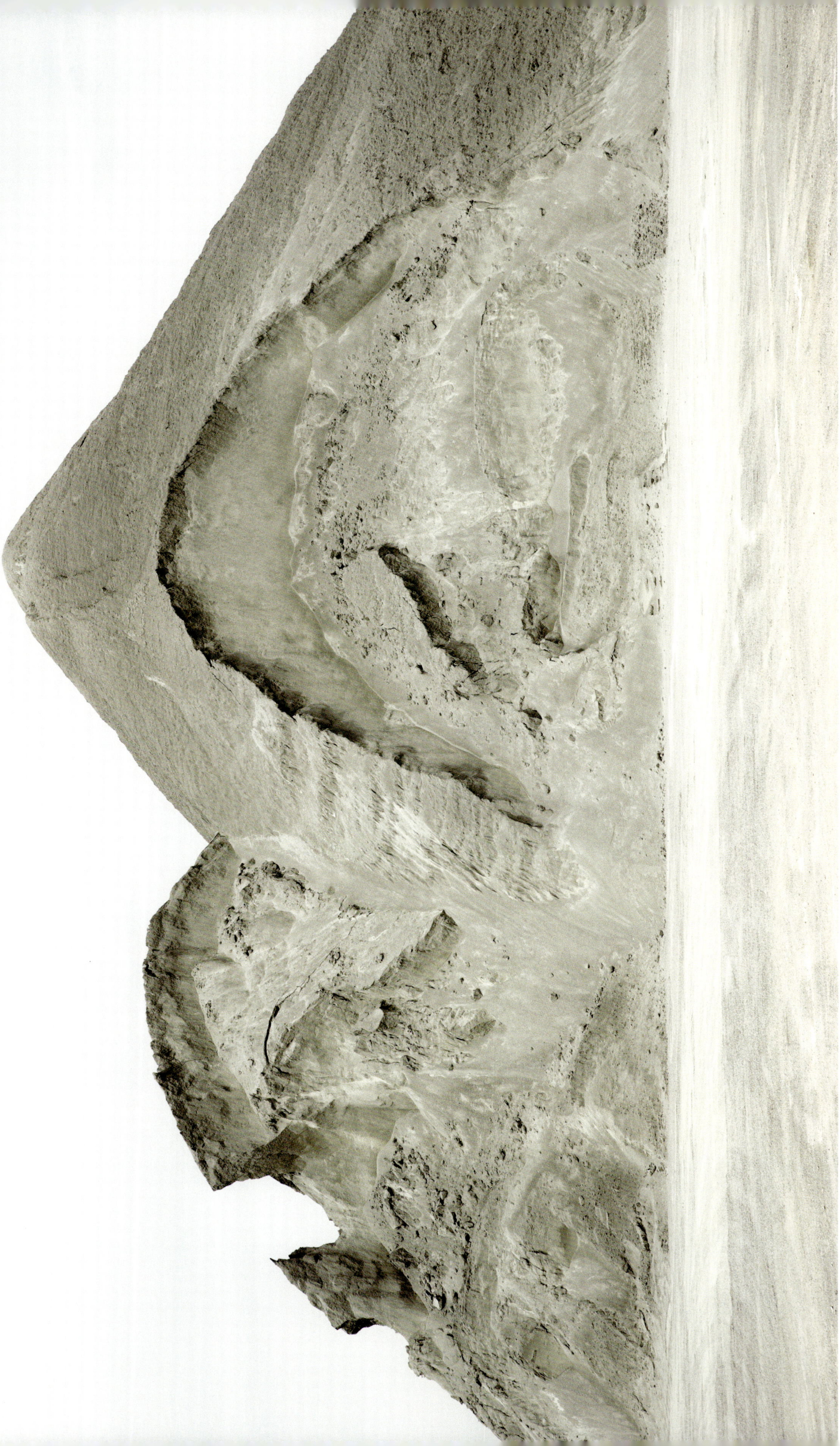

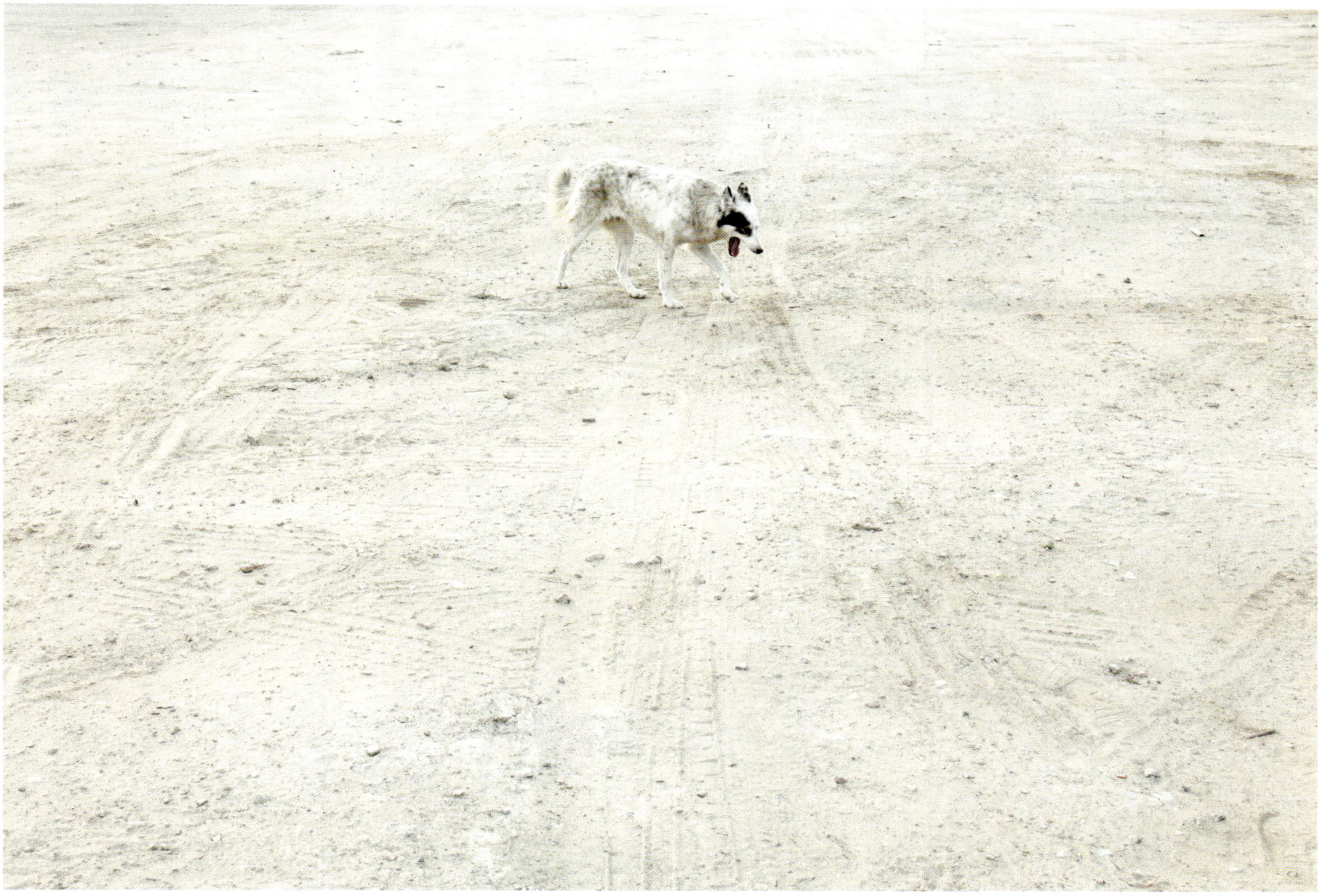

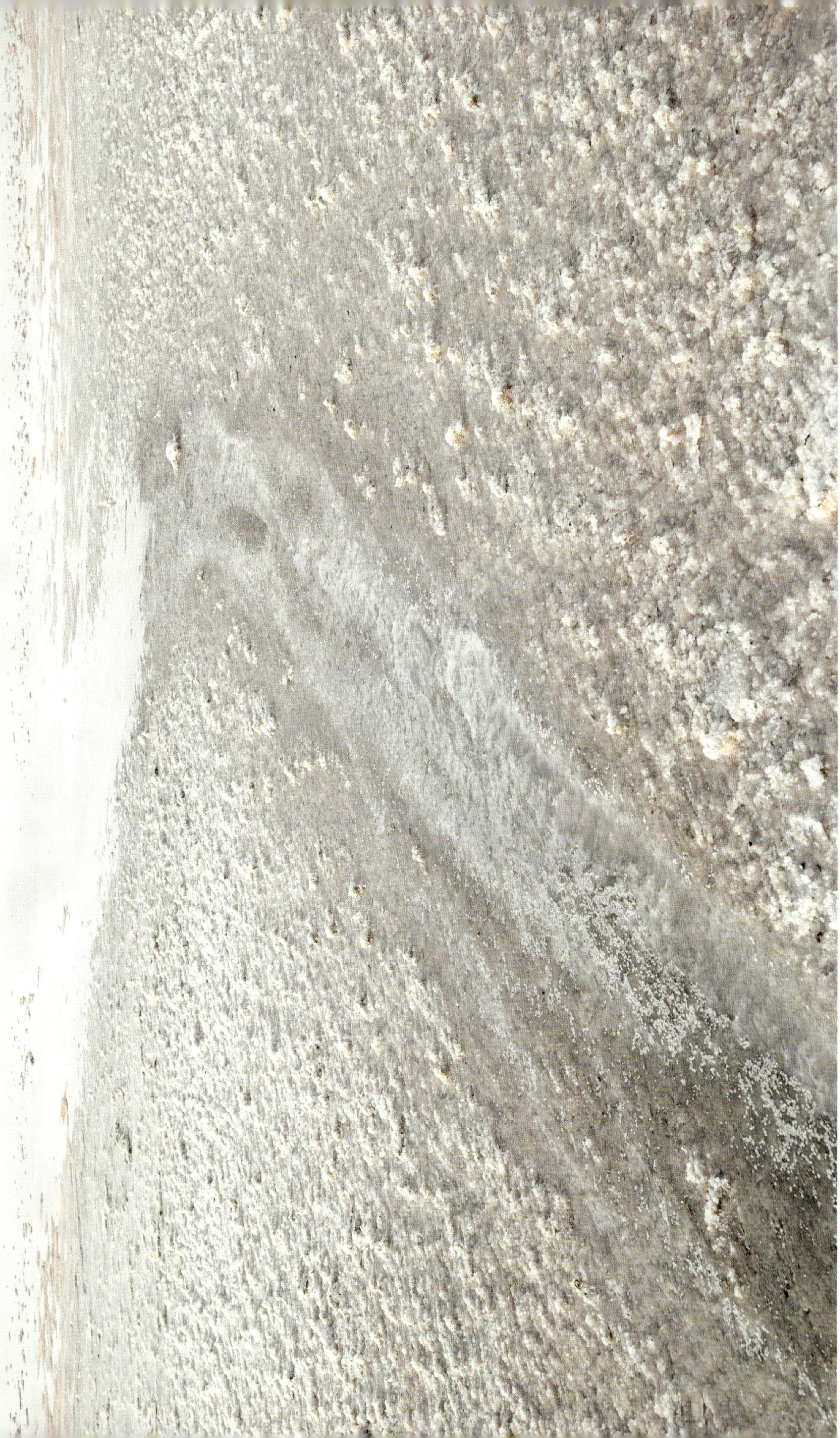

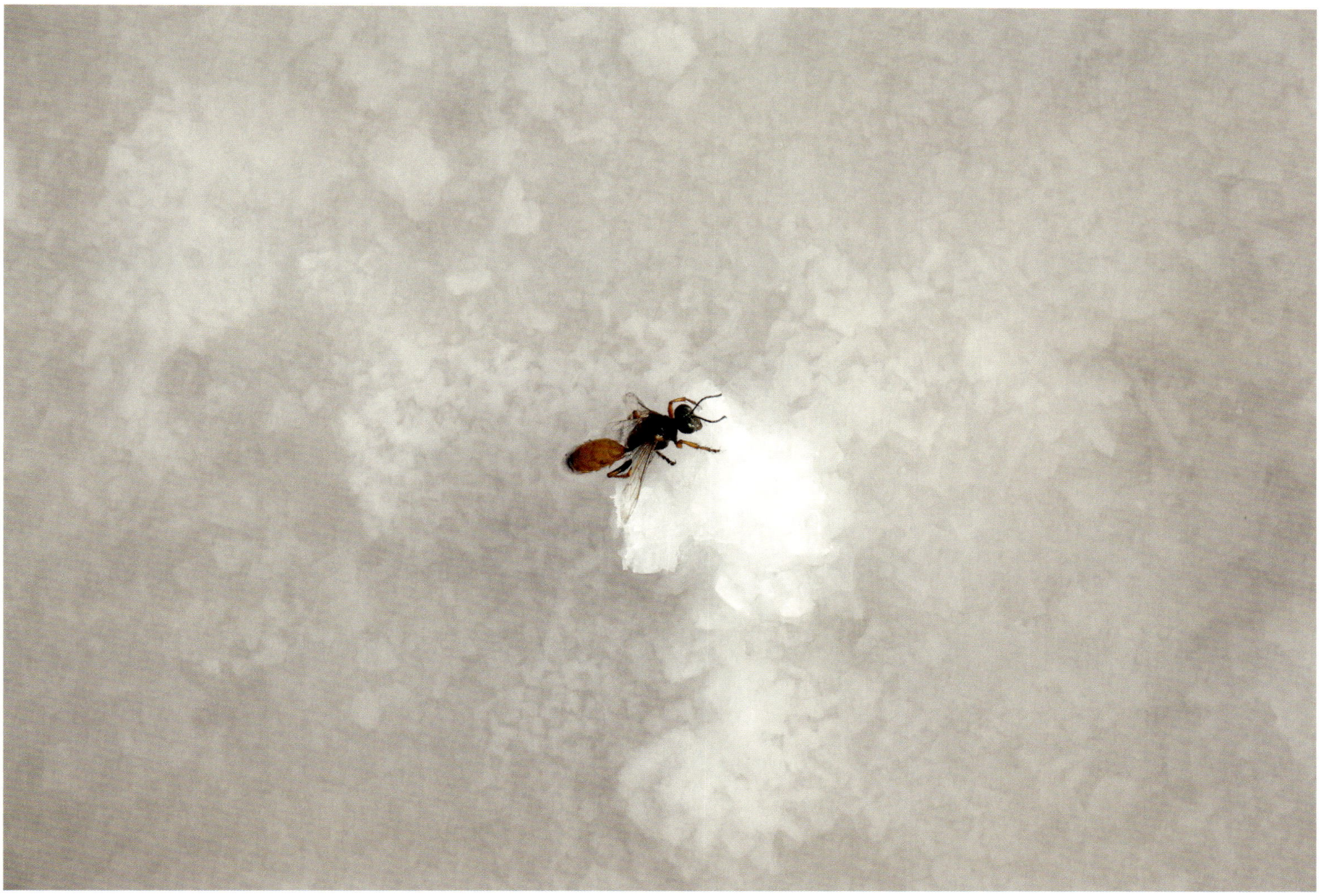

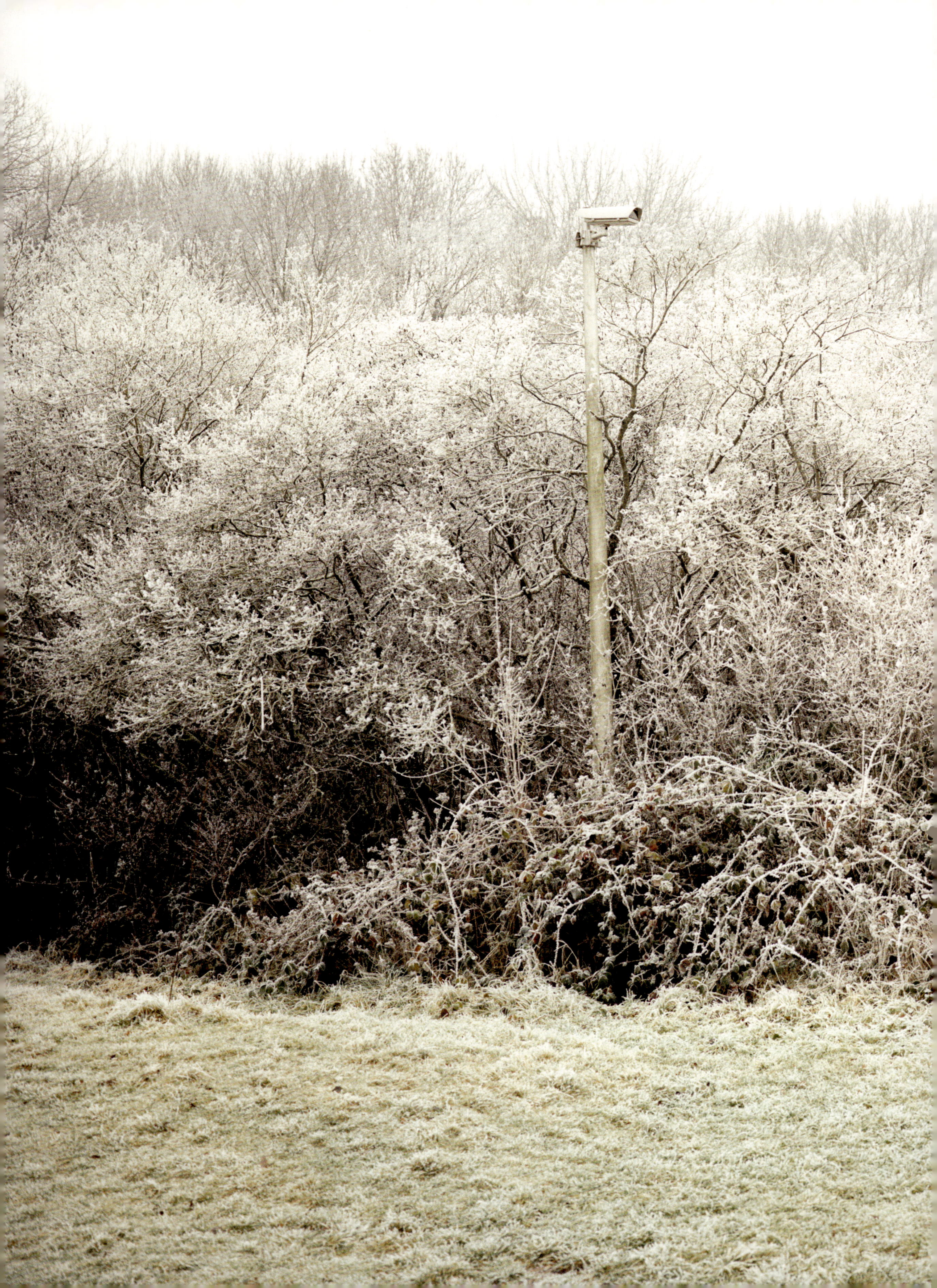

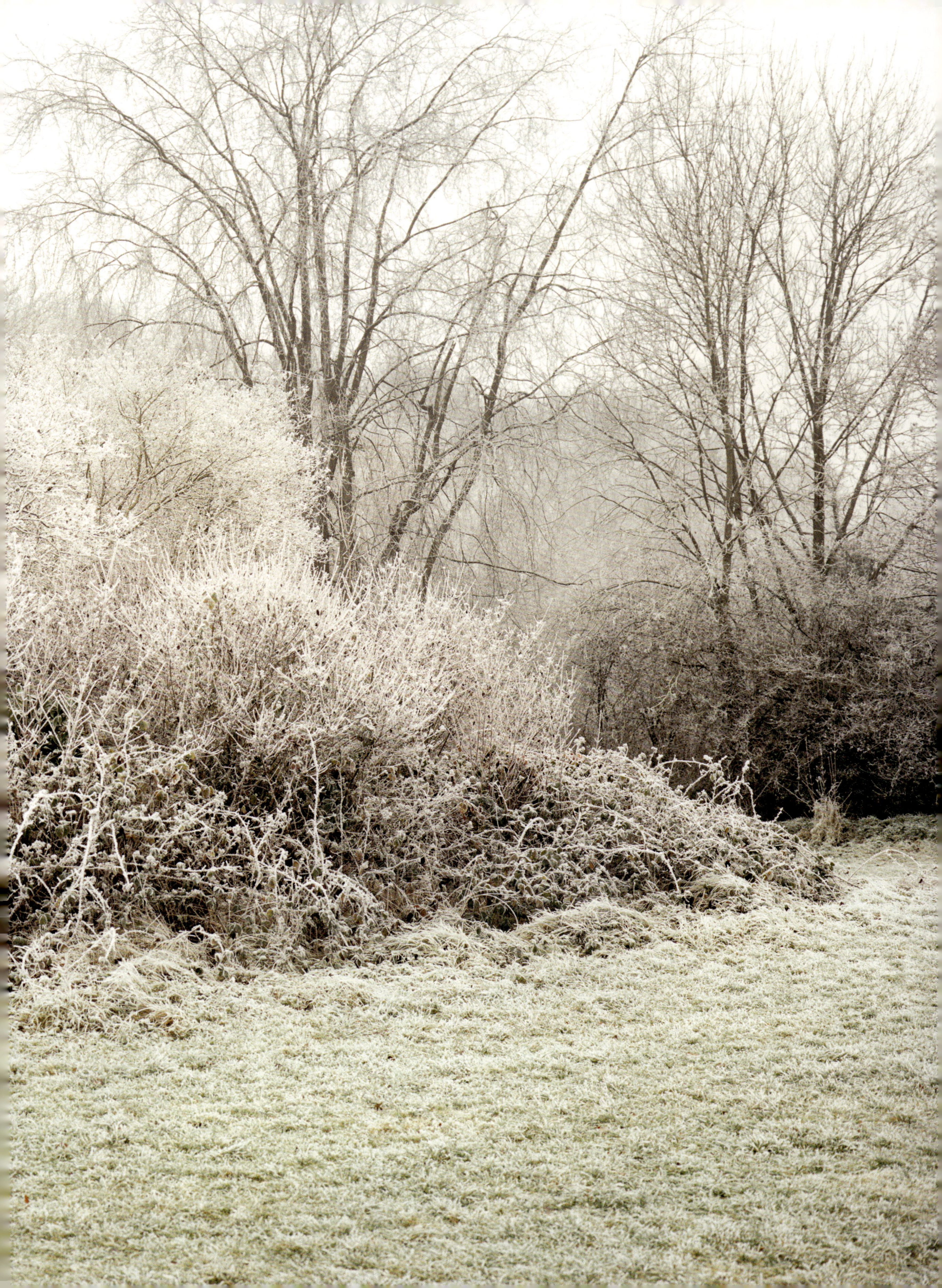

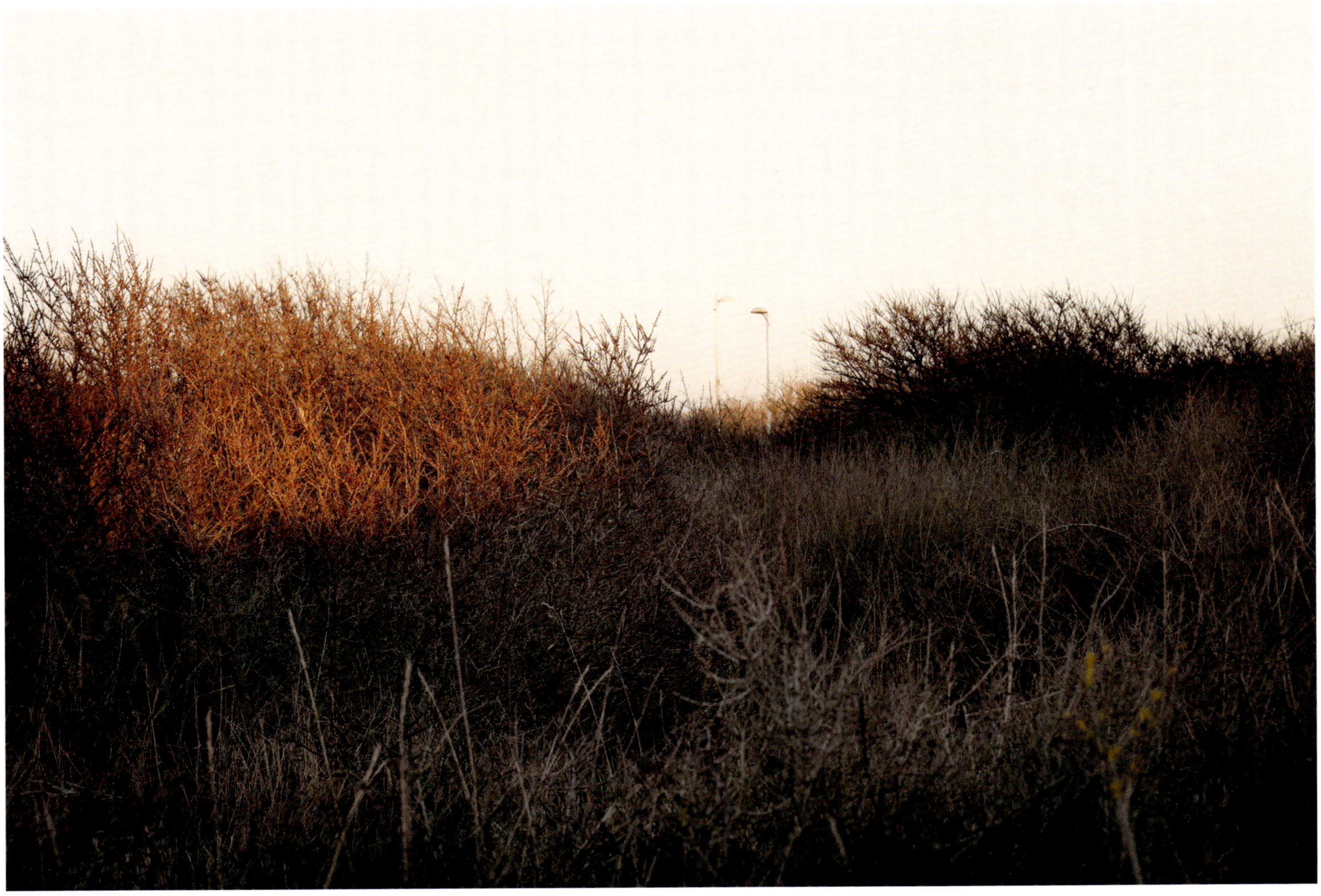

Derrière eux l'univers a rétréci, le bonheur s'est tari quand l'existence s'est transformée en une série de points d'interrogation, sans réponse apaisante. Ils laissent dans leur dos des bribes de civilisations, des mémoires collectives troubles et mal assumées qui s'égarent dans les musées, curiosités ethnologiques, singularités anthropologiques, peuples en voie de disparition. Mutisme d'un présent qui ne leur propose rien pour demain. Aucune alternative.
Ne reste que l'évasion, la fuite. Des étincelles dans les yeux, l'ailleurs ! L'ailleurs, comme une esthétique du devenir ! Un vertige pour y croire, à la délivrance, encore et encore. Une bouffée d'oxygène alors que l'on dévale le flanc d'une montagne à toute vitesse.
L'espérance les a transformés en machines à survivre, prêtes à donner leur vie pour s'offrir l'étreinte de bras ouverts, à enjamber des cours d'eau infranchissables, à supporter les rayons du zénith dans un paysage nu, désolé, quand la lumière devient une flamme qui pique la peau. Et la soif qui rend fou…
Toujours pressés, aux abois. Pour avancer, ils doivent développer l'instinct qui repère le sens de la brise, et s'engouffrer dans son sillon.
Ils progressent à grandes foulées, forts encore, enivrés de lendemains lumineux. Elles, ils, tous conditionnés, formatés, obsédés par le grand départ.
Une envie de beau, de sécurité et de confort qui s'est transformée en une ébullition.
Une nécessité qui s'est imposée :
la seule issue possible.

They leave behind a shrunken world where happiness dissipated from the very moment that life became a series of questions with no reassuring answers. They leave behind fragments of civilization, of disturbing collective memories, that make their way into museums, become ethnological curiosities, anthropological peculiarities, endangered people. Today's silence offers them nothing for tomorrow. No alternative.

All that is left to do is to escape, flee. A glow in their eyes, new horizons! Elsewhere, an aesthetic of the future! Giddiness, believing, again and again, in deliverance. A breath of fresh air whilst hurtling down the side of the mountain at full speed.

Hope has transformed them into survival machines, ready to give their lives for the embrace of open arms, to stride impassable waters, to endure the sunrays in a stark landscape, the burning light that scorches the skin. And a thirst that makes you nearly lose your mind …

Always in a hurry, backs against the wall. To move ahead, they have to develop an instinct to discern the direction of the wind and rush into its fold.

They make headway with great strides, exhilarated by the prospect of luminous tomorrows. Women, men, able bodied, mentally prepared, fixated on the day of departure. Enlivened by a longing for beauty, for security, for comfort. A necessity that has become vital: the only possible way out.

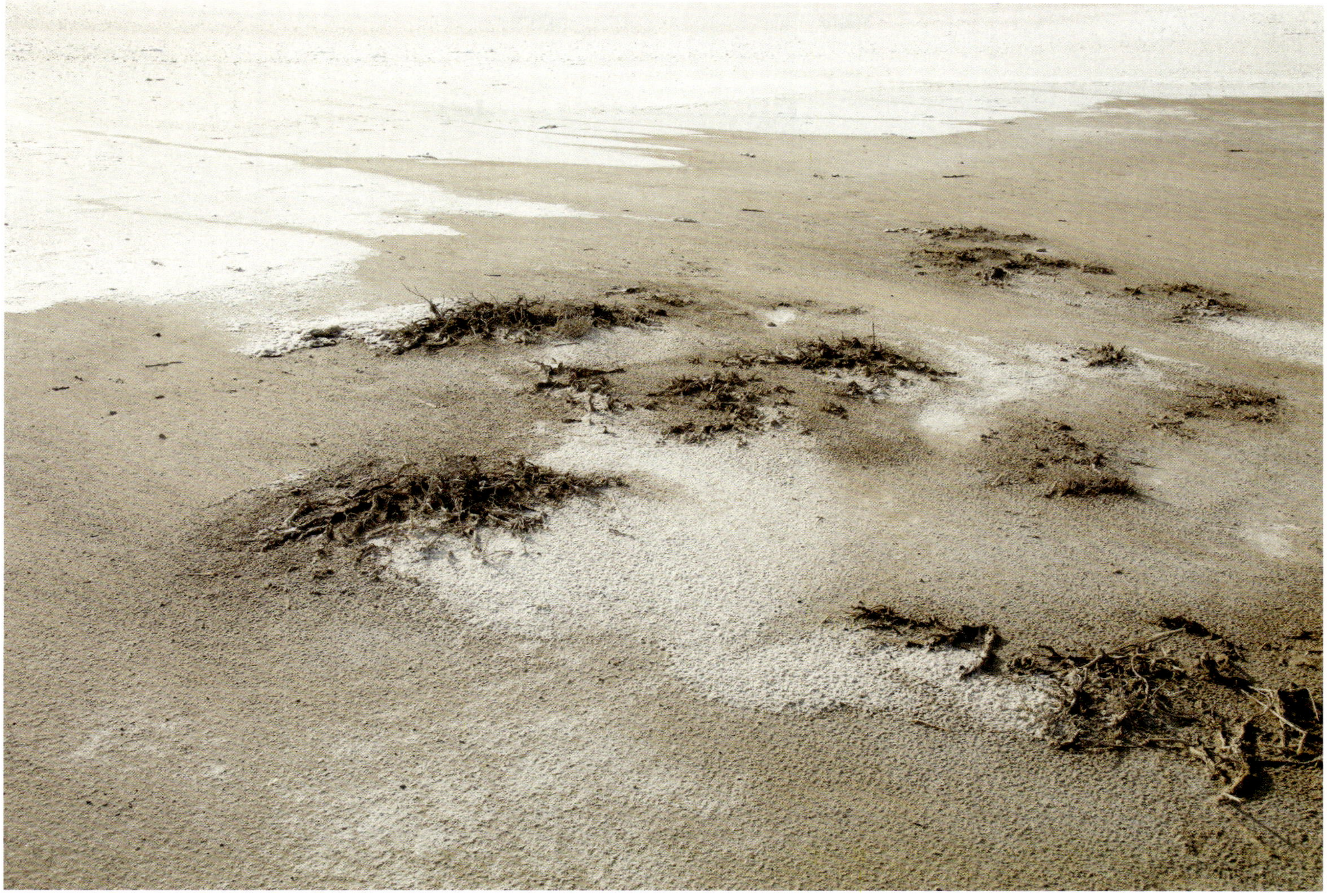

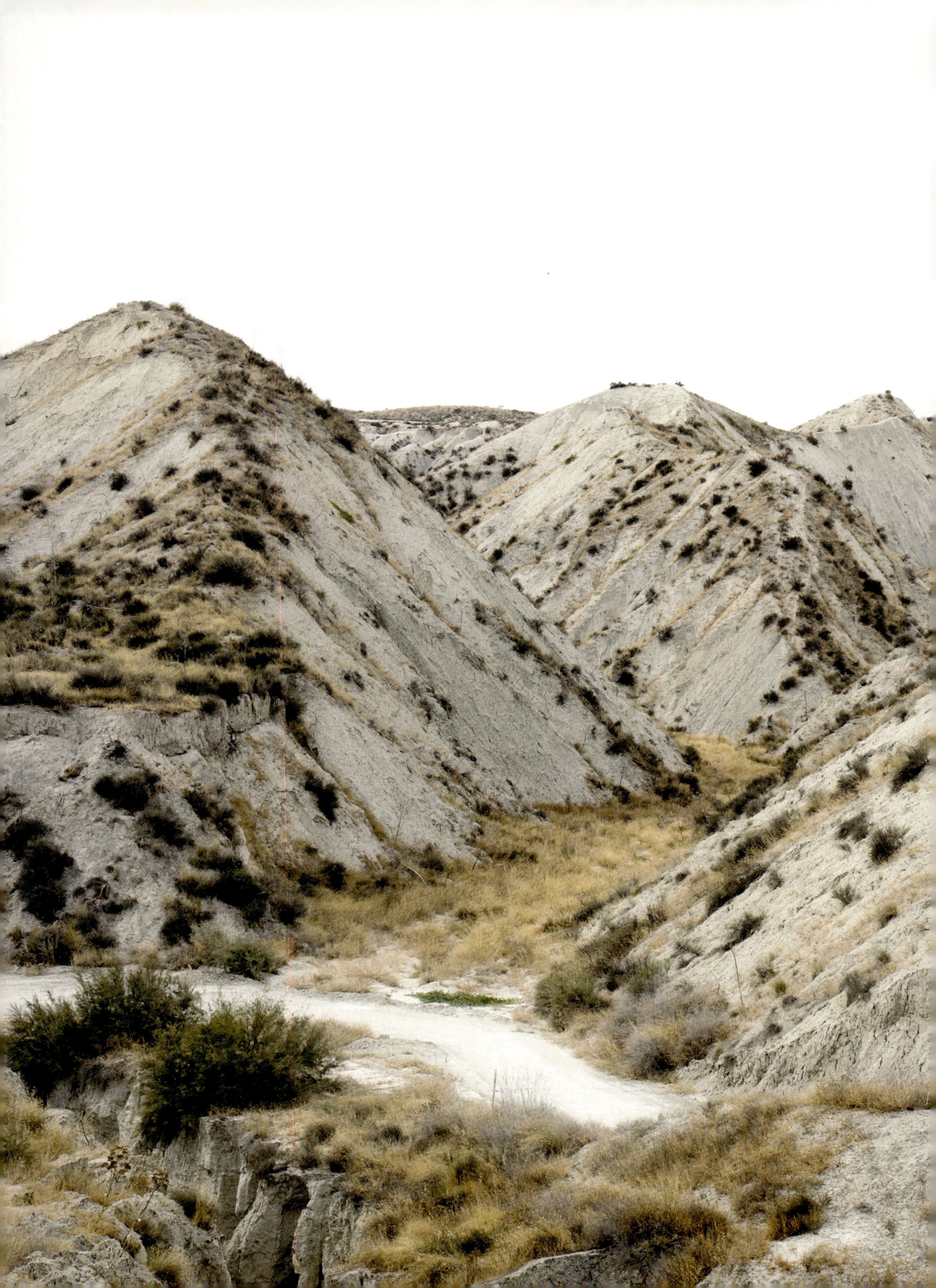

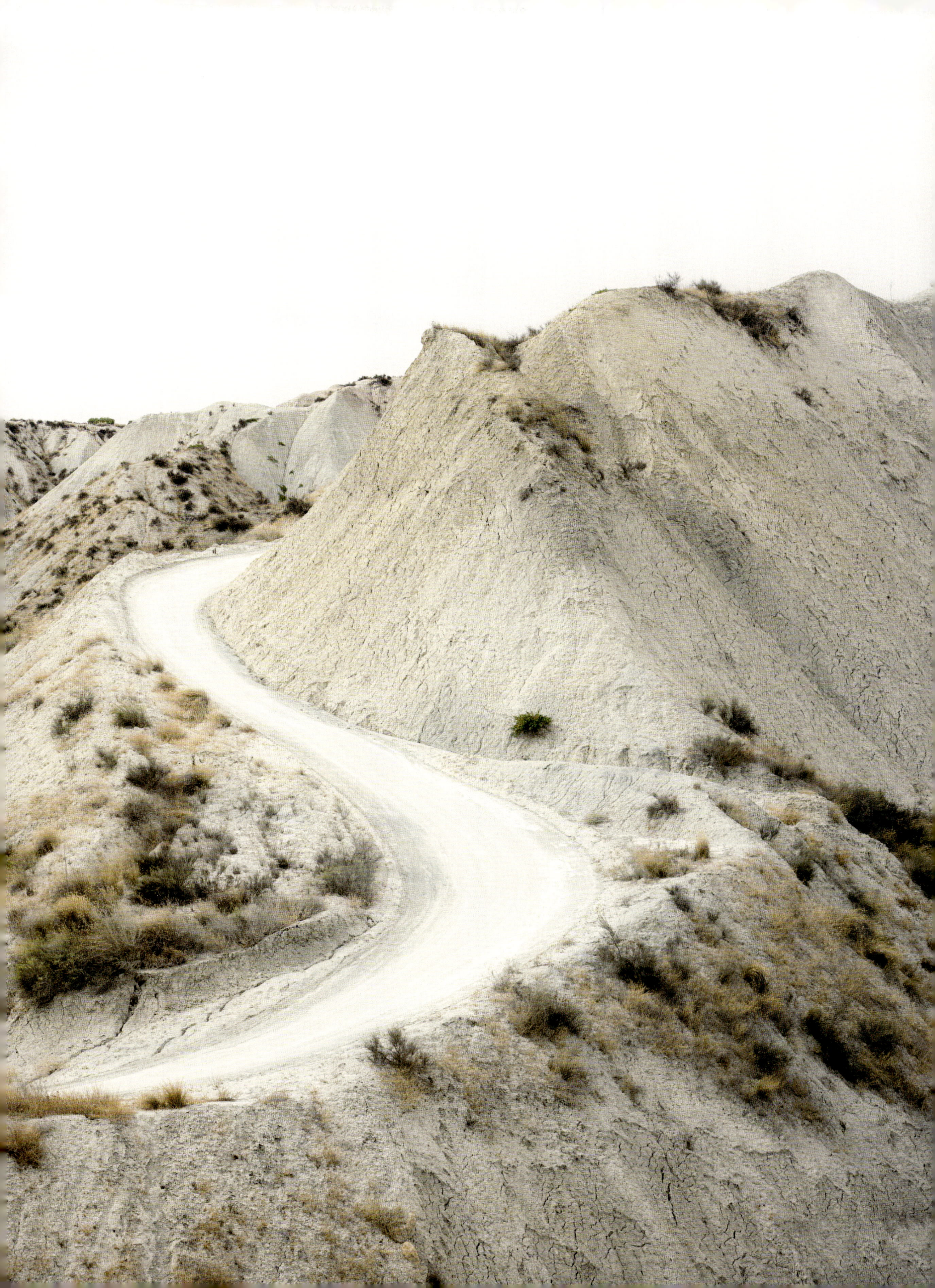

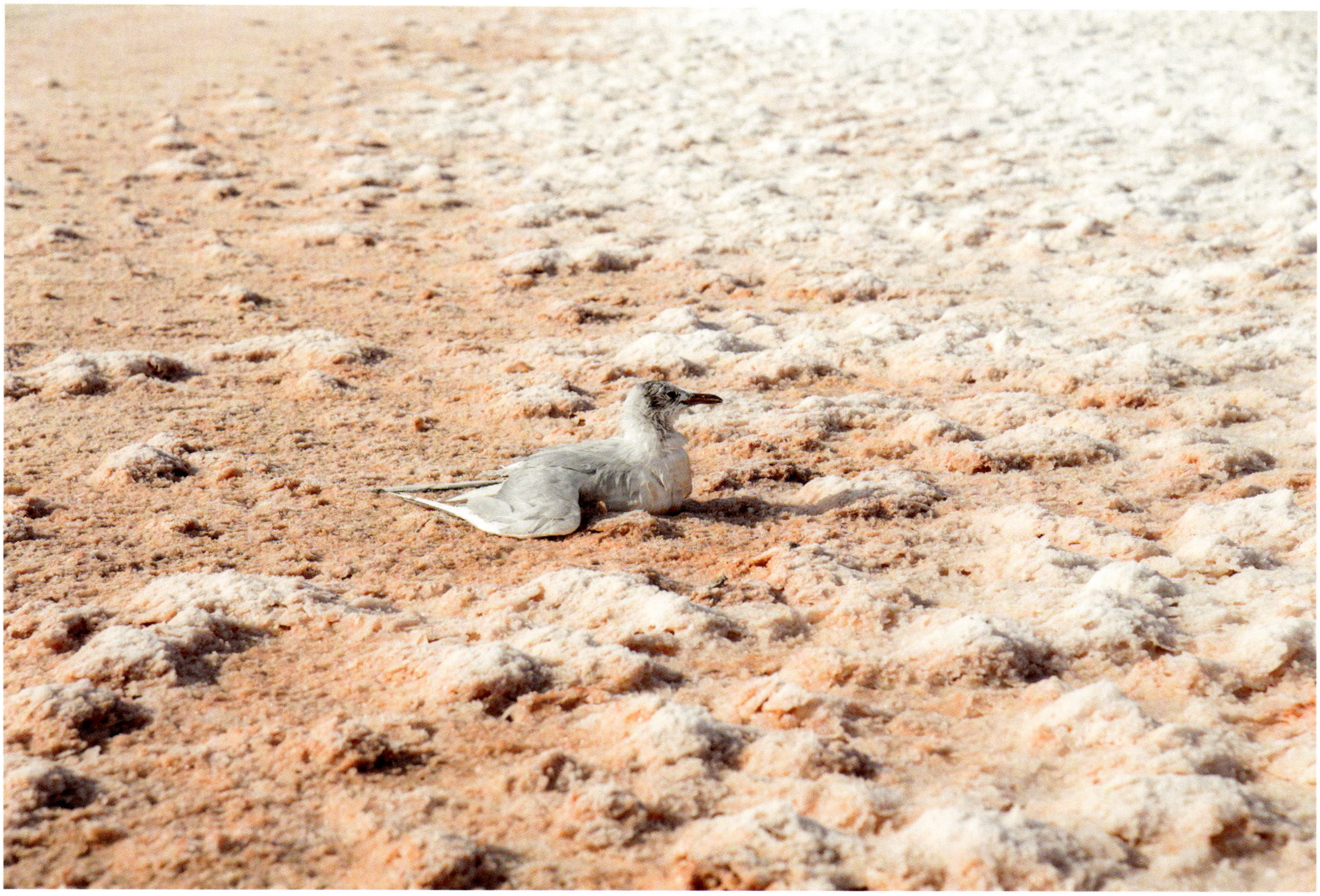

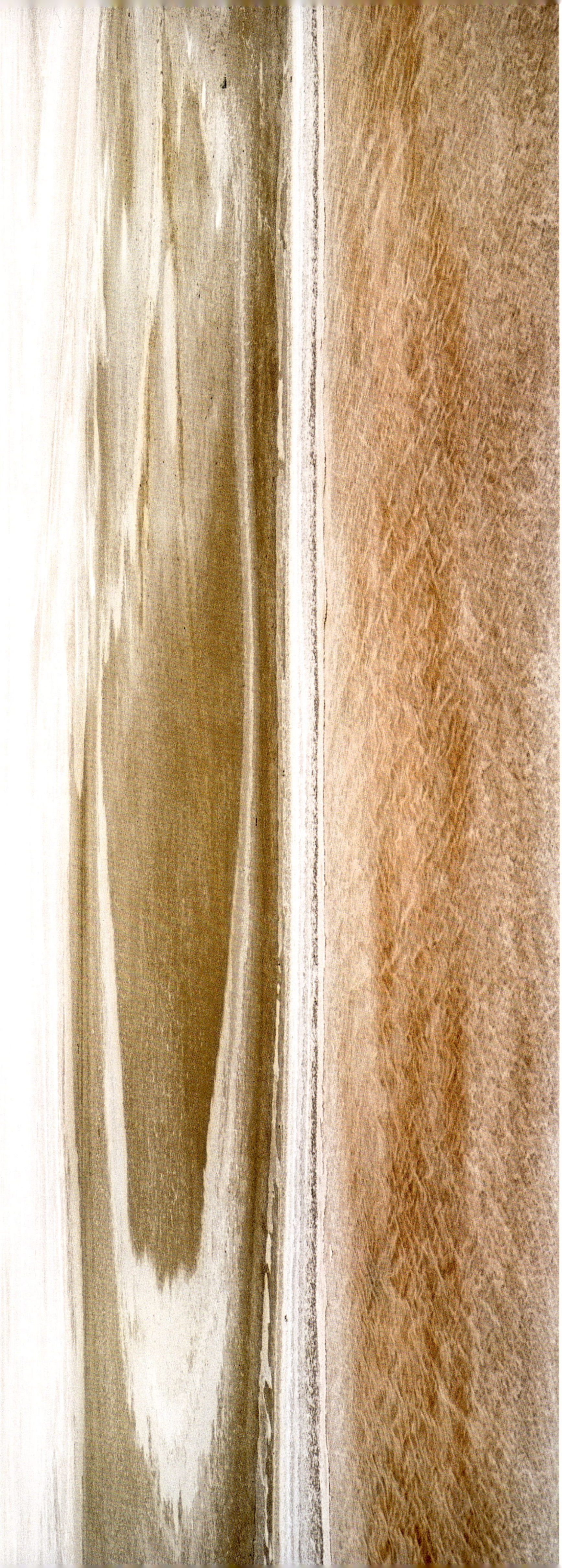

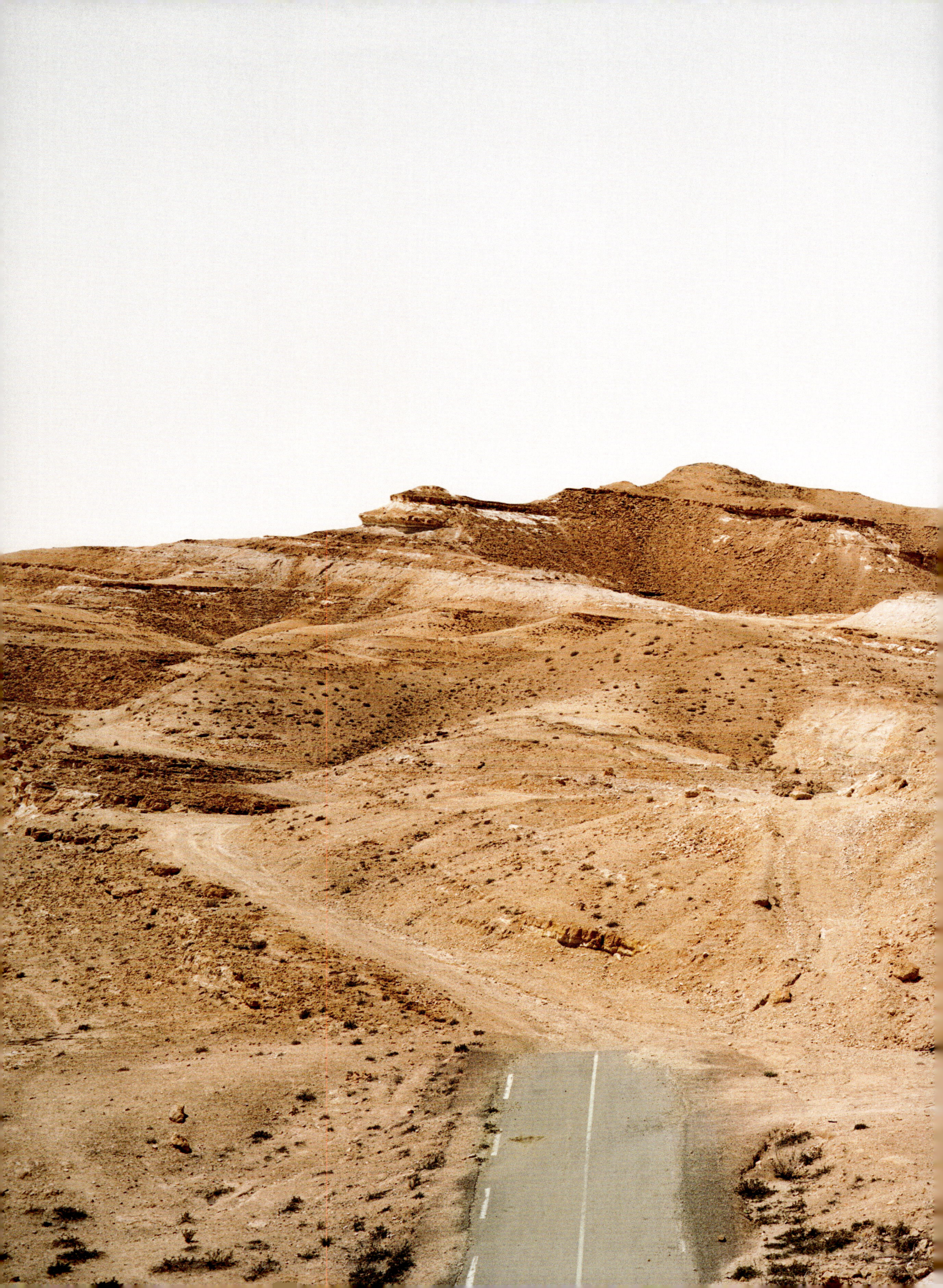

Quand la terre de l'enfance s'est consumée, ne reste que la débandade, un élan irrésistible qui se moque des périls. Promettre de ne jamais se renier. Humer les parfums connus depuis l'enfance, les saveurs particulières charriées par les vents du pays. Graver les images du foyer profond dans le souvenir, conserver de petits détails, trois, quatre minuscules bricoles qui résument les années passées.

S'en aller, un déchirement, pour respirer, vivre enfin, plus tard, là-bas, au-delà des frontières. Et un jour enfin, le voyage, à l'aube, comme une nouvelle naissance, avec le cerveau qui bourdonne. La poitrine bat la chamade, les genoux tremblent – beaucoup de courage et encore plus d'appréhension. Quand l'heure du départ sonne, en vérité c'est le glas qu'ils n'entendent pas.

Très vite, hier fait partie d'un passé lointain, et déjà plane le spectre du non-retour. Dès le début, ceux qui s'engagent sur les chemins d'espérance existent dans l'absence, dans l'envers du monde. Ils s'en vont, vacillent, se traînent comme ils peuvent. Avancer, toujours plus loin… Les pieds dans le sable, ils reniflent l'air ambiant, halètent, tournent en rond, cherchent, cherchent, oui comme ça, jusqu'en dessous de la barrière. Trouver un passage. Se repérer la nuit, à quatre pattes pour se faufiler, gratter les couches de sédiments. Peiner jusqu'au sang.
Aux aguets, constamment, puisque la seconde qui vient peut signifier l'entrée en enfer.
Le basculement dans l'horrible, le désastre. Ils sont la proie de toutes les prédations.

When the land of your childhood is consumed by fire, all that remains is turmoil, and an irresistible surge that disregards the dangers.
Promise never to give up on yourself. Take in all those familiar perfumes of your childhood, the particular flavors carried on the winds of your country. Etch into your memory the images of hearth and home, hold on to the details, three, four miniscule mementos that sum up the years gone by.

Set off, heartbroken, so that later on you can breathe, live, over there, beyond the borders. One day, finally the journey at dawn, head buzzing, a new birth. Heart, racing a mile a minute, knees shaking—so much courage and even greater apprehension. When the hour of departure rings out, what they fail to hear is the death knell.

In no time, yesterday is the distant past and what looms large is the fear of never going back. Right from the start, those who embark on the path of hope, live in absence, on the wrong side of the world. They take off, stagger, trudge, as best they can. Keep moving, further and further. Their feet in the sand, they take a whiff of the surrounding air, gasp, go round in circles, looking around and around. Yes, that's it, just beneath the barrier. Find a pathway. Get your bearings at night, on all fours, to dig at the layers of sediment so that you can slip through. Keep at it, till you bleed.
Constantly on the look out because the next second can literally lead into the gates of hell. Cross over into horror, calamity.

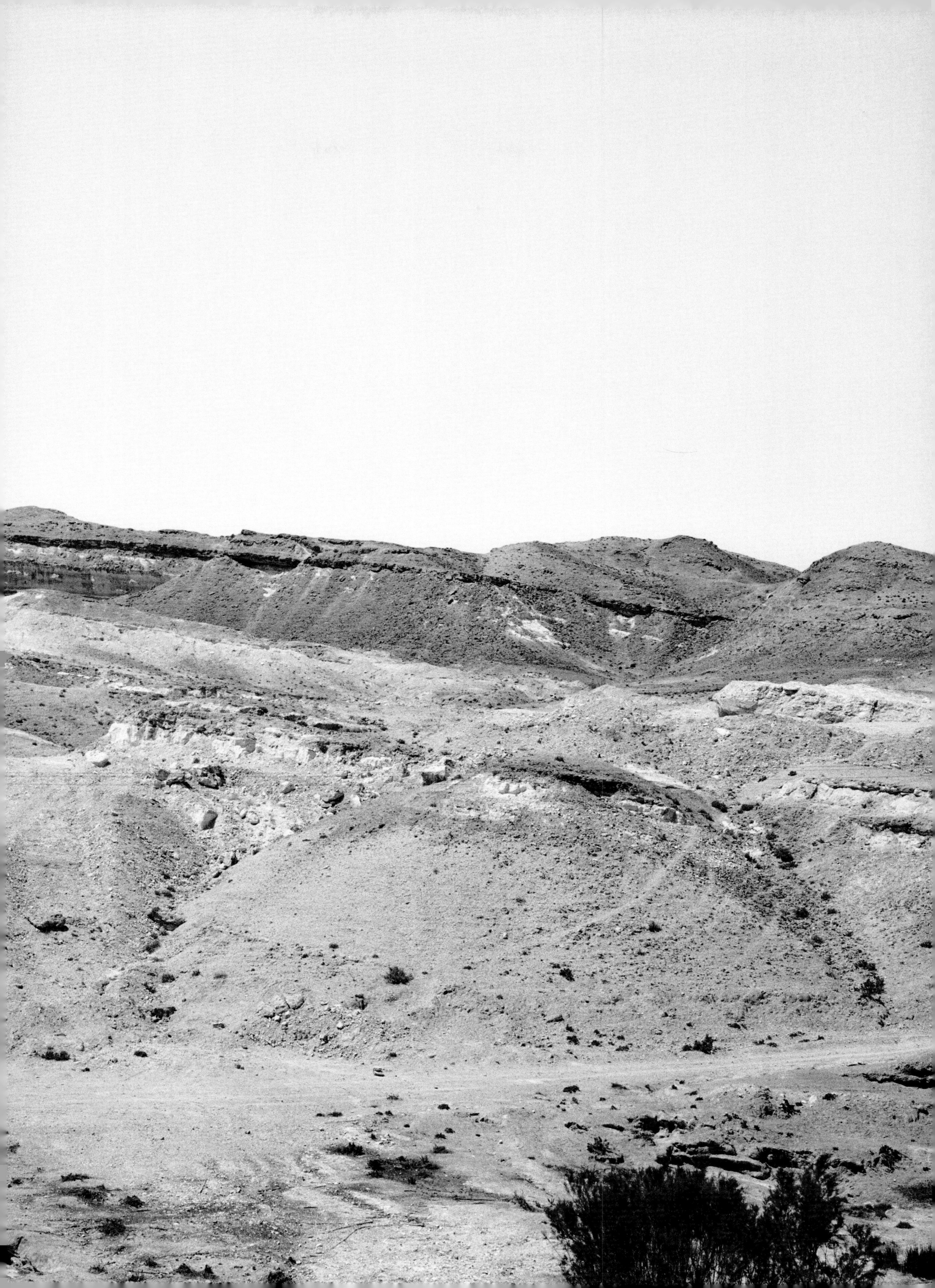

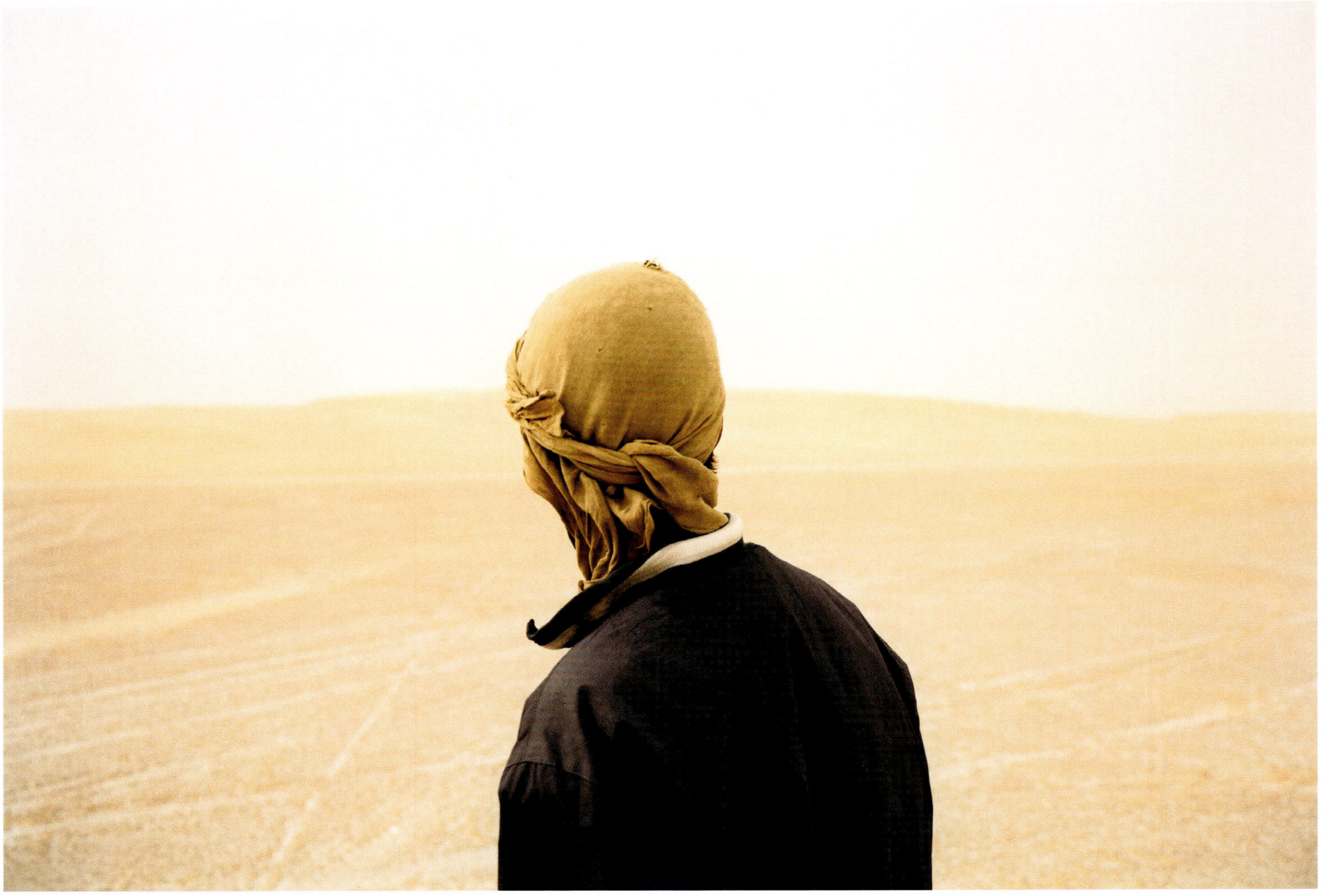

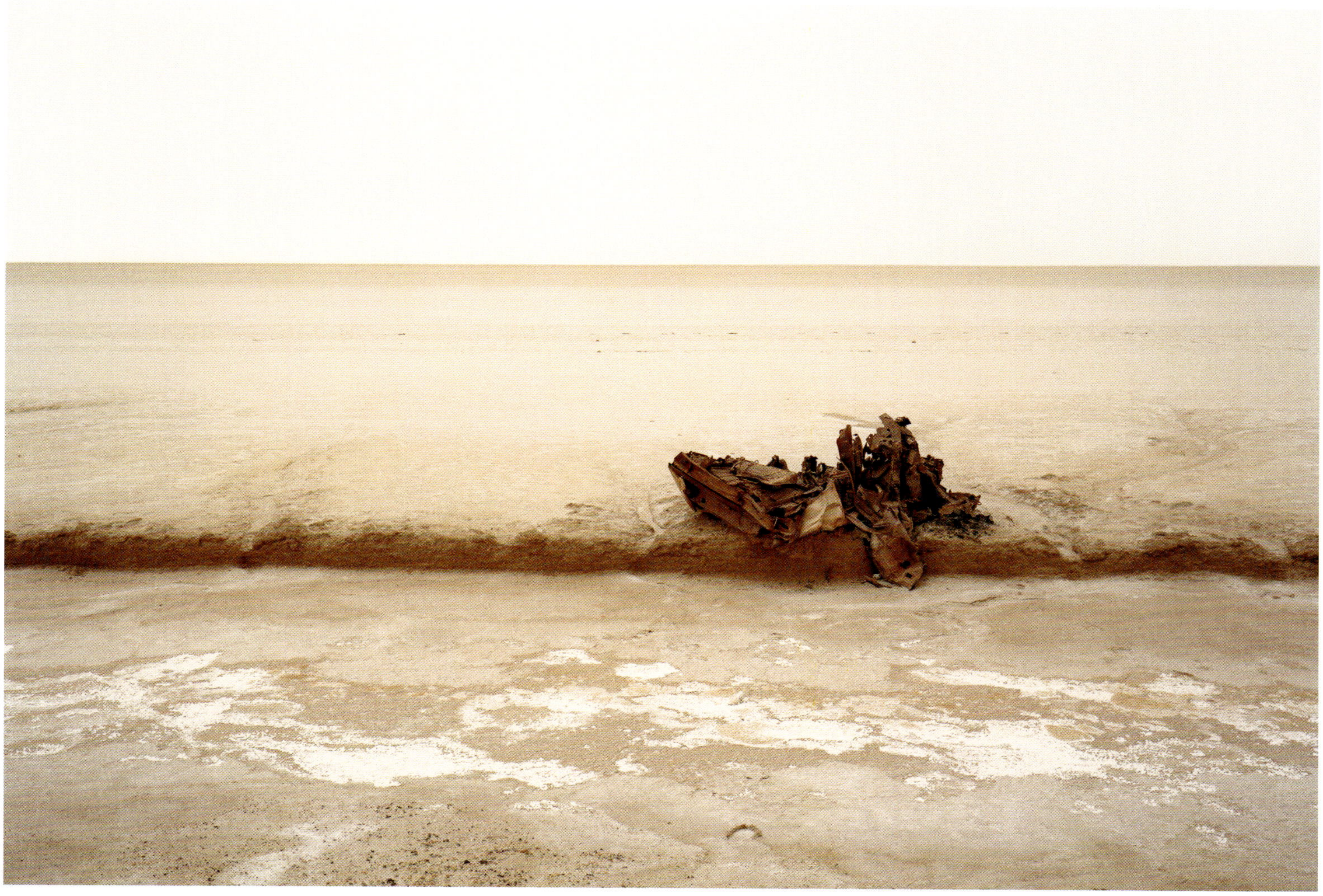

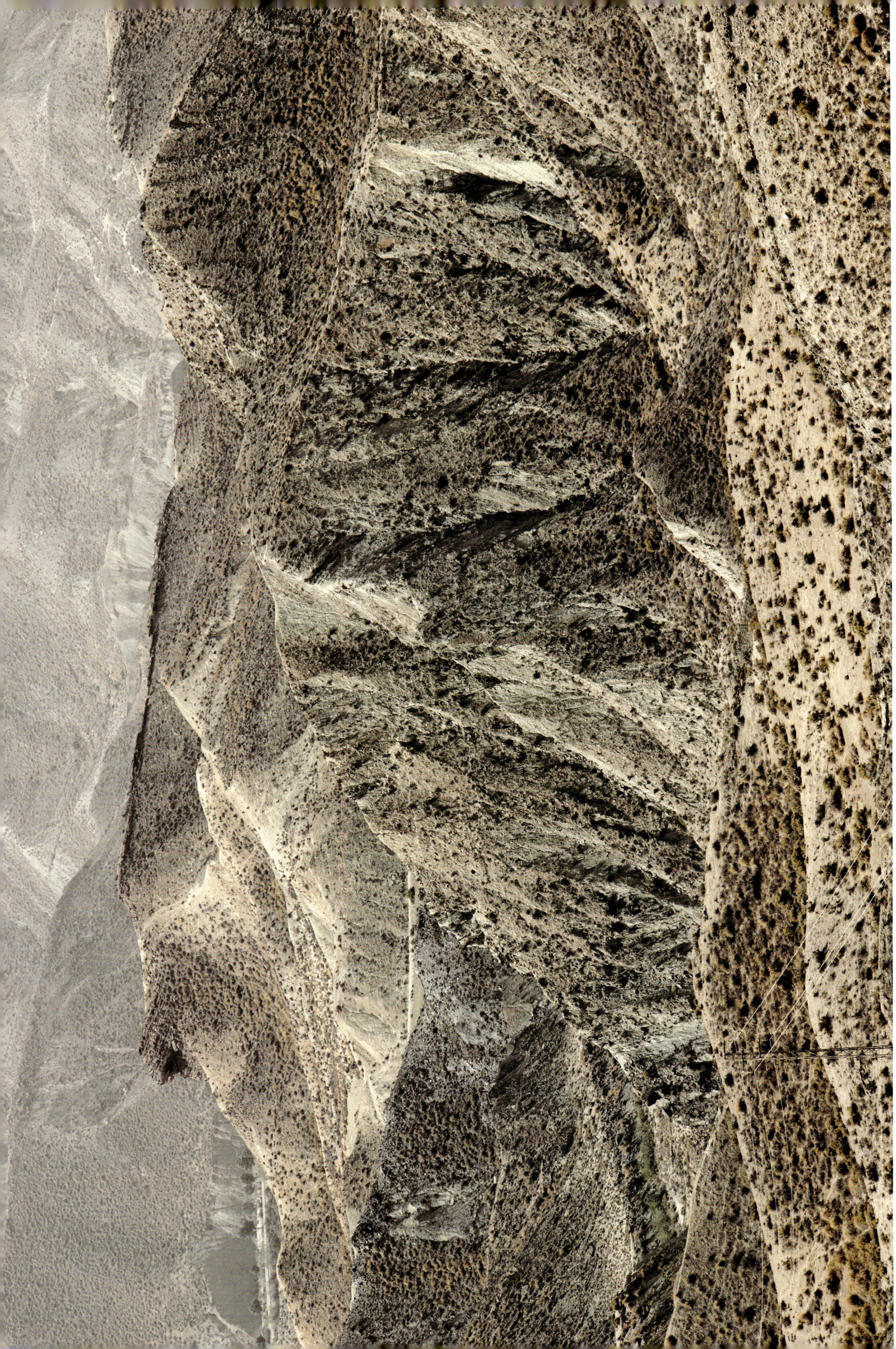

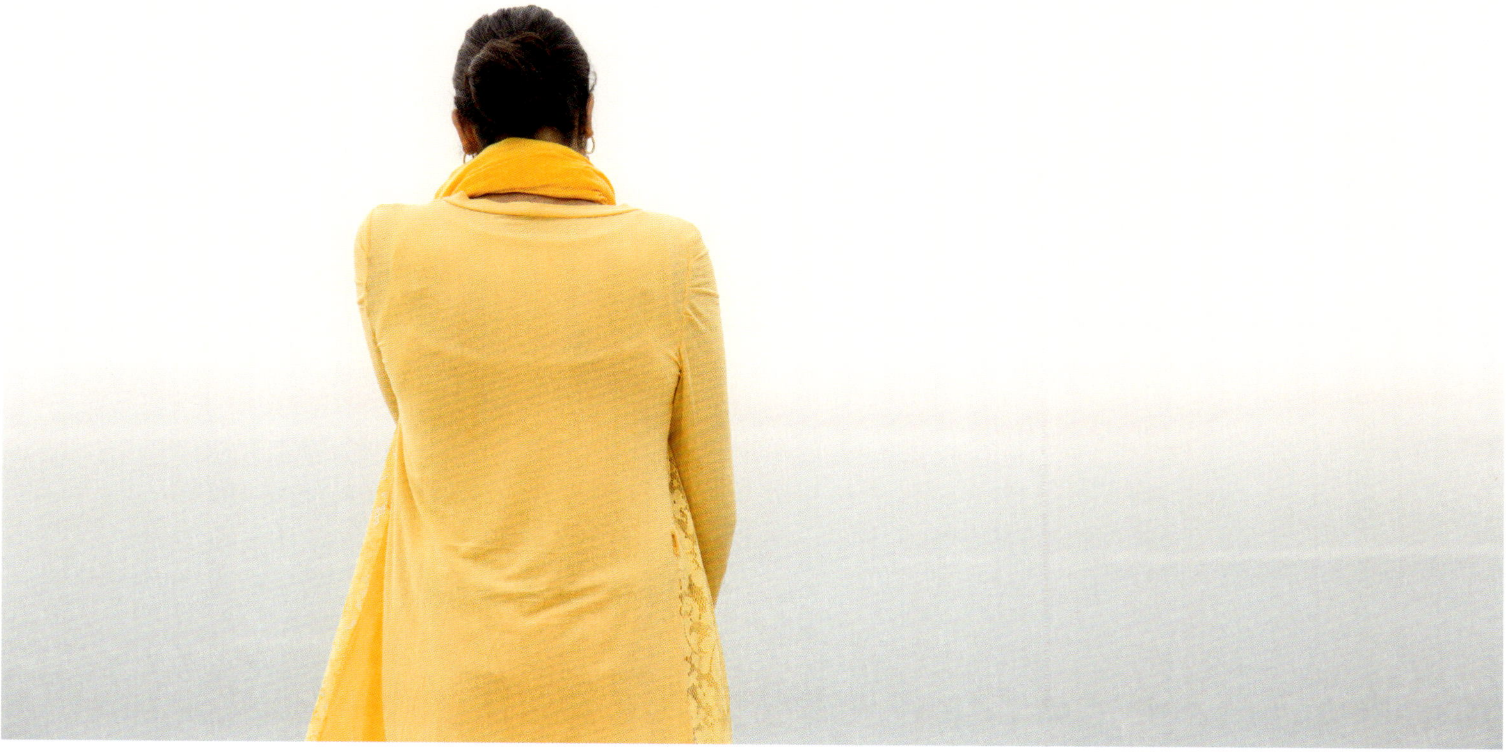

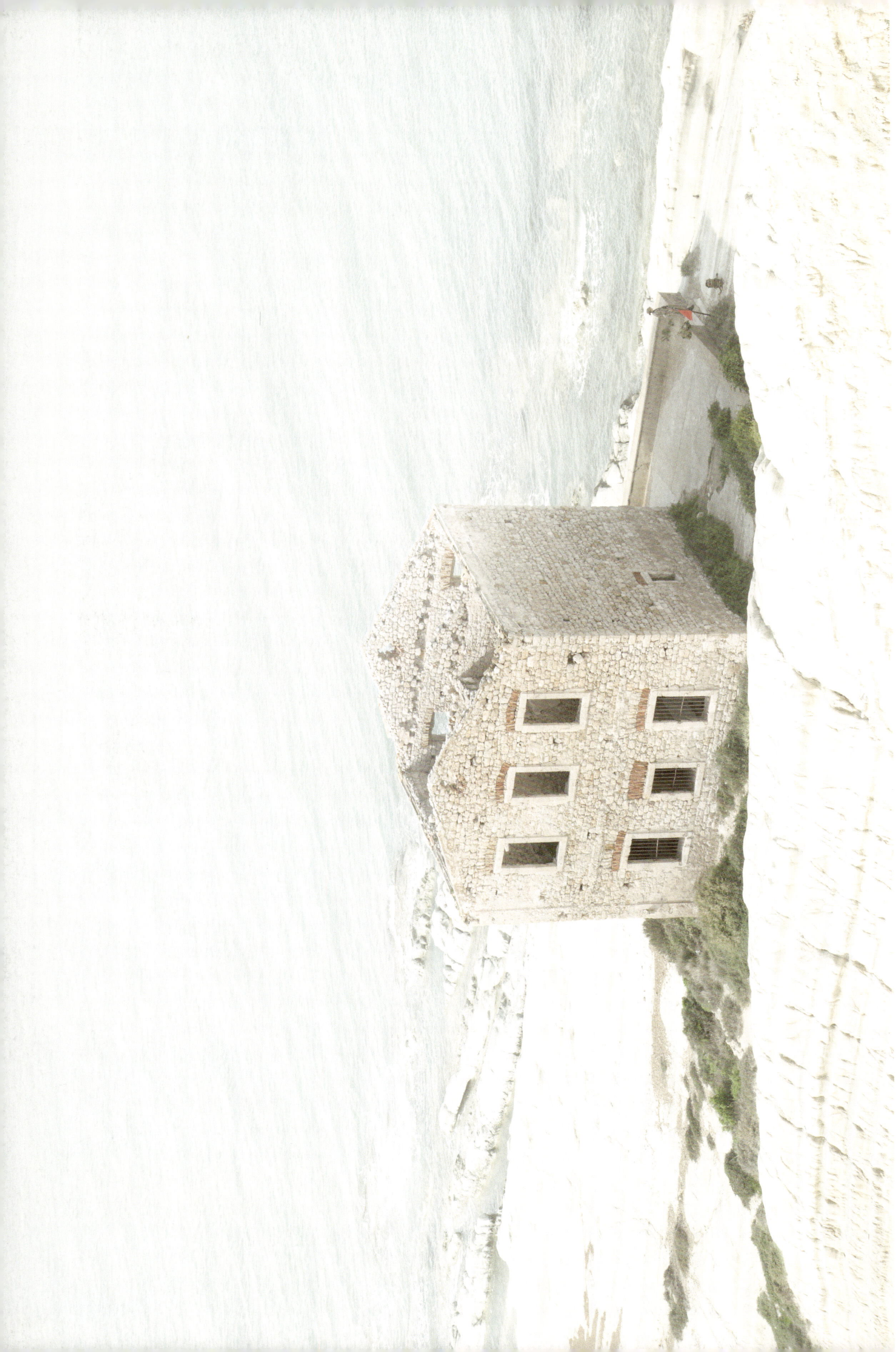

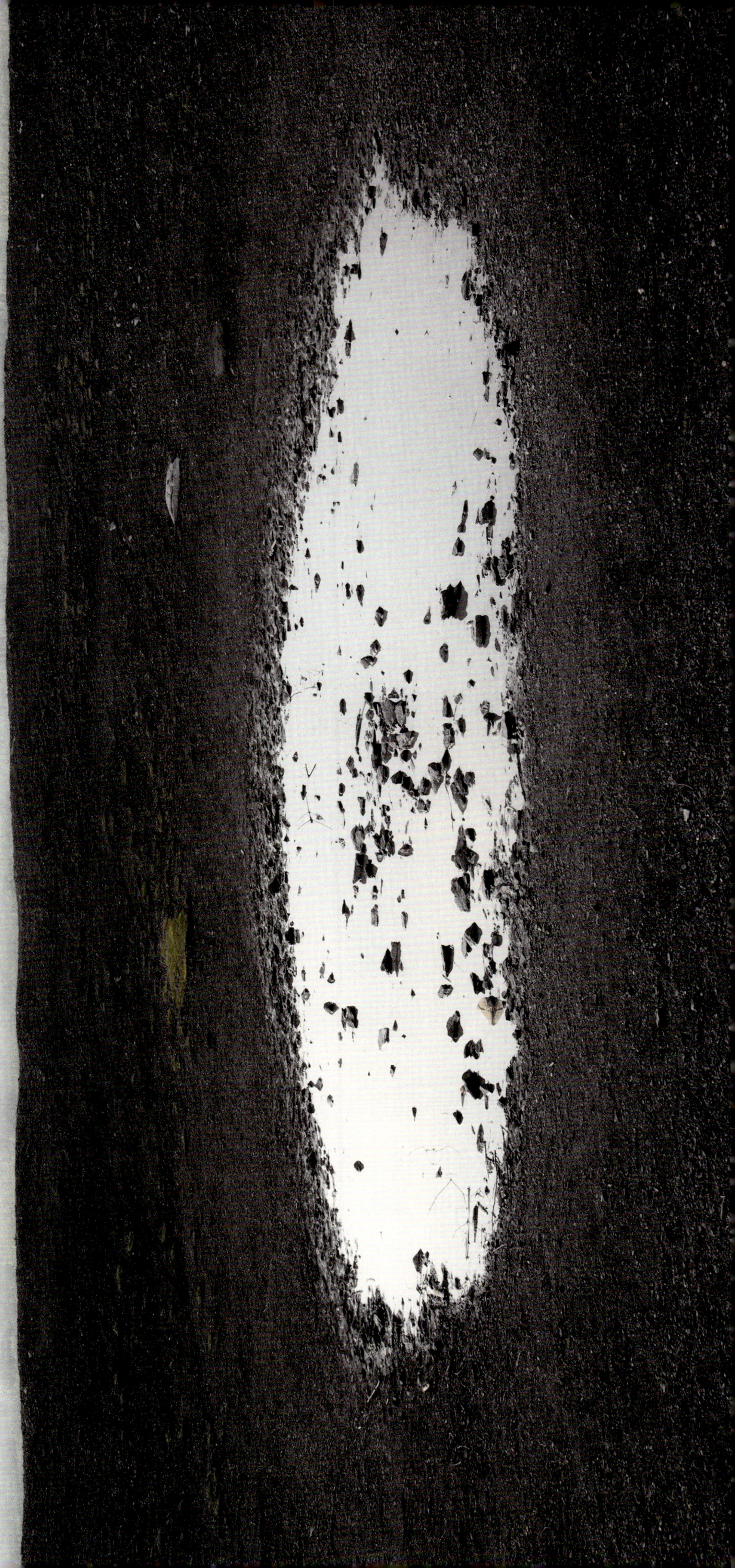

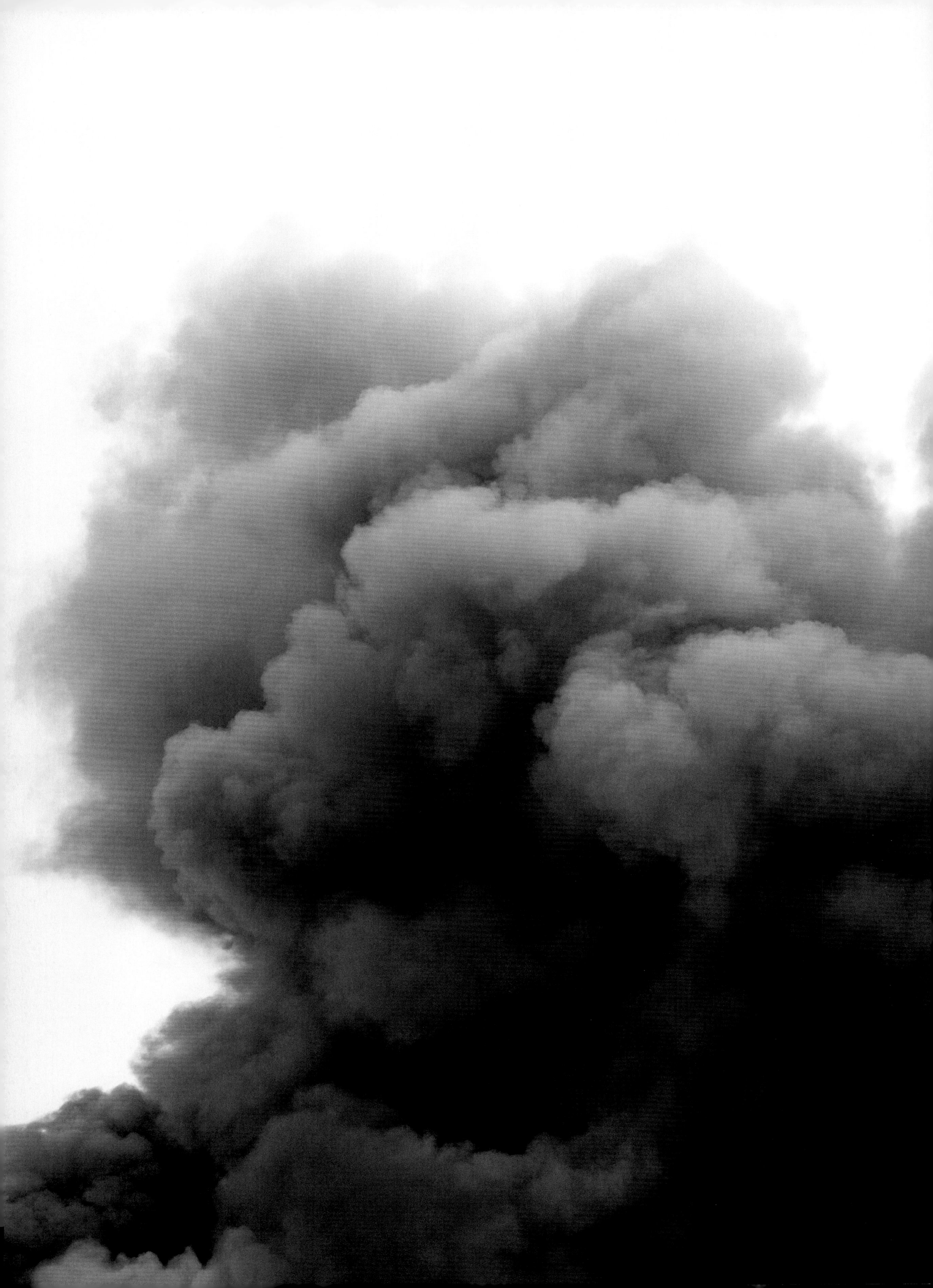

Anticiper les coups à venir, les cicatrices sur le corps, les plaies de l'âme qui ne guériront plus. Les humiliations.

Même si leur pouls a déjà ralenti, se contrôler, respirer, garder son sang-froid. Ils se sont endurcis depuis l'envol hasardeux, vers l'inconnu.
Corps maigres, proches de la chute,
équilibre précaire, ailes de plomb.
Leur ciel s'assombrit ici, dans la fange,
dans le noir des abysses souterrains, le royaume de ceux qui se couchent à même le sol, implorent, tête basse.
La solitude.

Alors commence le chaos, il s'invite à la vue de tous sur les écrans, et brave l'humanité. Plus tard, certains deviennent cadavres, une hécatombe qui s'embourbe au fond des mers.
À la lueur des étoiles se devine quelque chose d'invisible, d'immatériel et d'intense qui, encore ceint aux corps, s'enfonce lentement dans les flots.

D'autres disparaissent dans l'oubli des chaînes et des barreaux et s'accrochent malgré tout à un songe éveillé.

The target of all forms of predation, they anticipate the blows to come, the scars on the body, the wounds to the soul that will never heal. The humiliations.

And even if the pulse has already slowed, pull it together, breathe, keep a cool head. They have toughened up since that first hazardous departure, toward the unknown. Scrawny bodies on the verge of collapsing, precarious footing, encumbered. Their sky blackens right here in the mire, in the subterranean abyss, the kingdom of those who sleep on bare ground, heads hung low, imploring.
Solitude.

Then the chaos begins, comes in to plain view on screens and defies humanity.
Some become cadavers, a massacre, mired at the bottom of the sea. On a starlit night, something near invisible can be made out, something nebulous, intense, still girding bodies, slowly sinking into the waters.

Others disappear into the oblivion of chains and bars and, despite everything, hold in their grip an awakened dream.

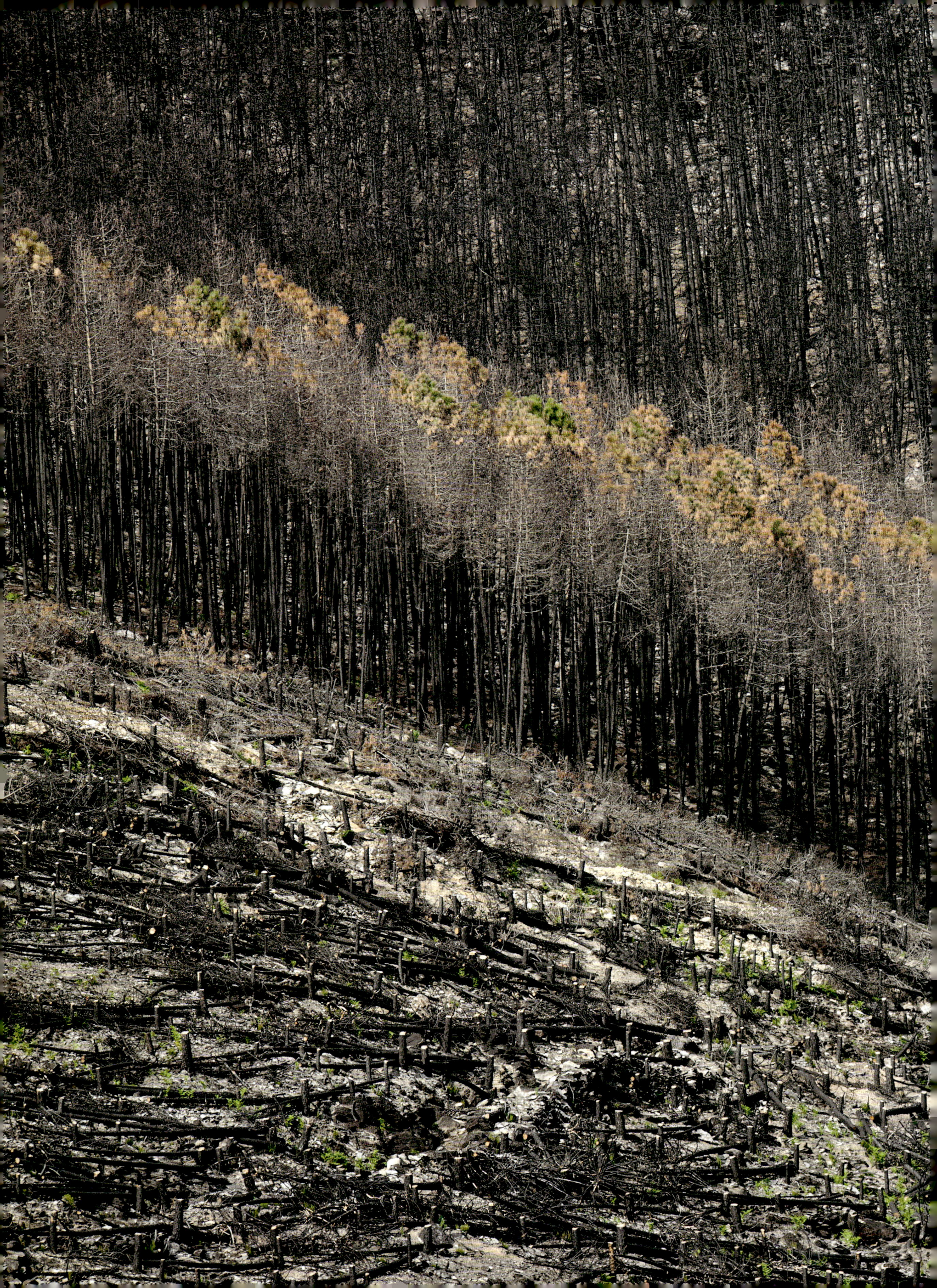

L'exil tous azimuts précipite la fin d'un temps, et annonce
un monde, incertain mais plein de promesses...
Avec la misère dans les bagages qui repousse les limites,
redessine les continents et suggère des contours inédits.

Ils arrivent, avec pour unique richesse
le temps infini de l'espoir !

Dès qu'ils s'extraient de l'ombre, les mots enchantés
qui sortaient de leurs lèvres, la nuit, se taisent.
Plus aucune chanson à tue-tête pour se galvaniser...
L'angoisse s'invite et mine les âmes. Heureusement,
la beauté du silence murmure parfois de doux
lendemains, lumières d'un phare, chimère ou folie,
qu'importe !

Le mirage d'une aube éclatante s'entête derrière
les traits tirés et la mine de chien battu, quand l'espoir
se cherche une issue et tourne en rond.

All-out exile hastens the end of a time and announces a new world, uncertain yet full of promise ...
With misery for luggage, they push back on borders, reshape continents and suggest new contours.

They arrive with unparalleled riches—the infinite time of hope!

No sooner are they out of the shadows, the enchanting words repeated at nighttime become silence. No more singing at the top of their lungs to galvanize each other. Dread overcomes them and saps their souls.

Fortunately, the beauty of silence at times murmurs sweet tomorrows, light emits from a beacon, chimera or folly, it does not matter!

The mirage of a brilliant dawn persists behind the haggard appearances and downtrodden expressions. Hope goes around in circles, constantly seeking a way out.

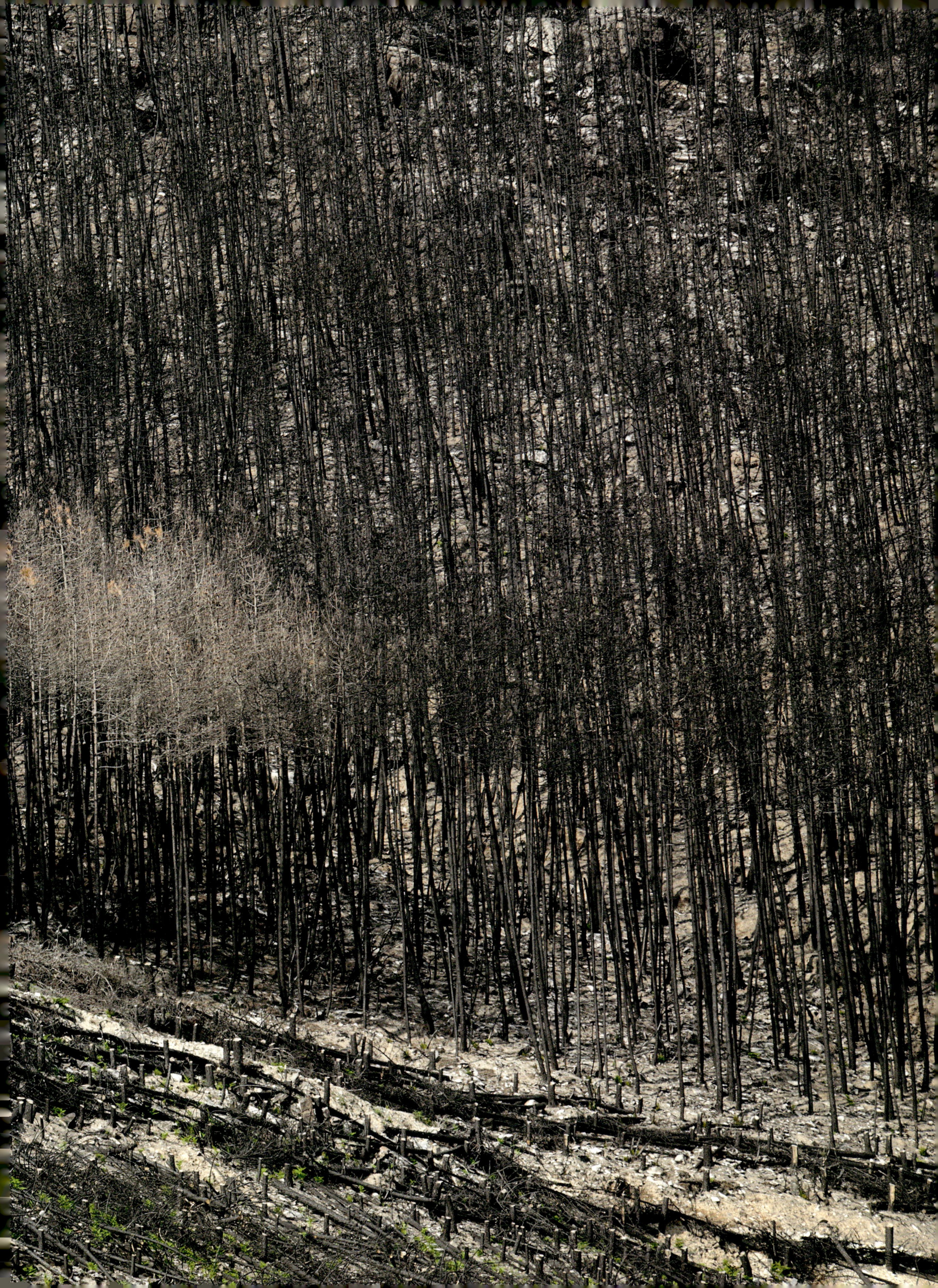

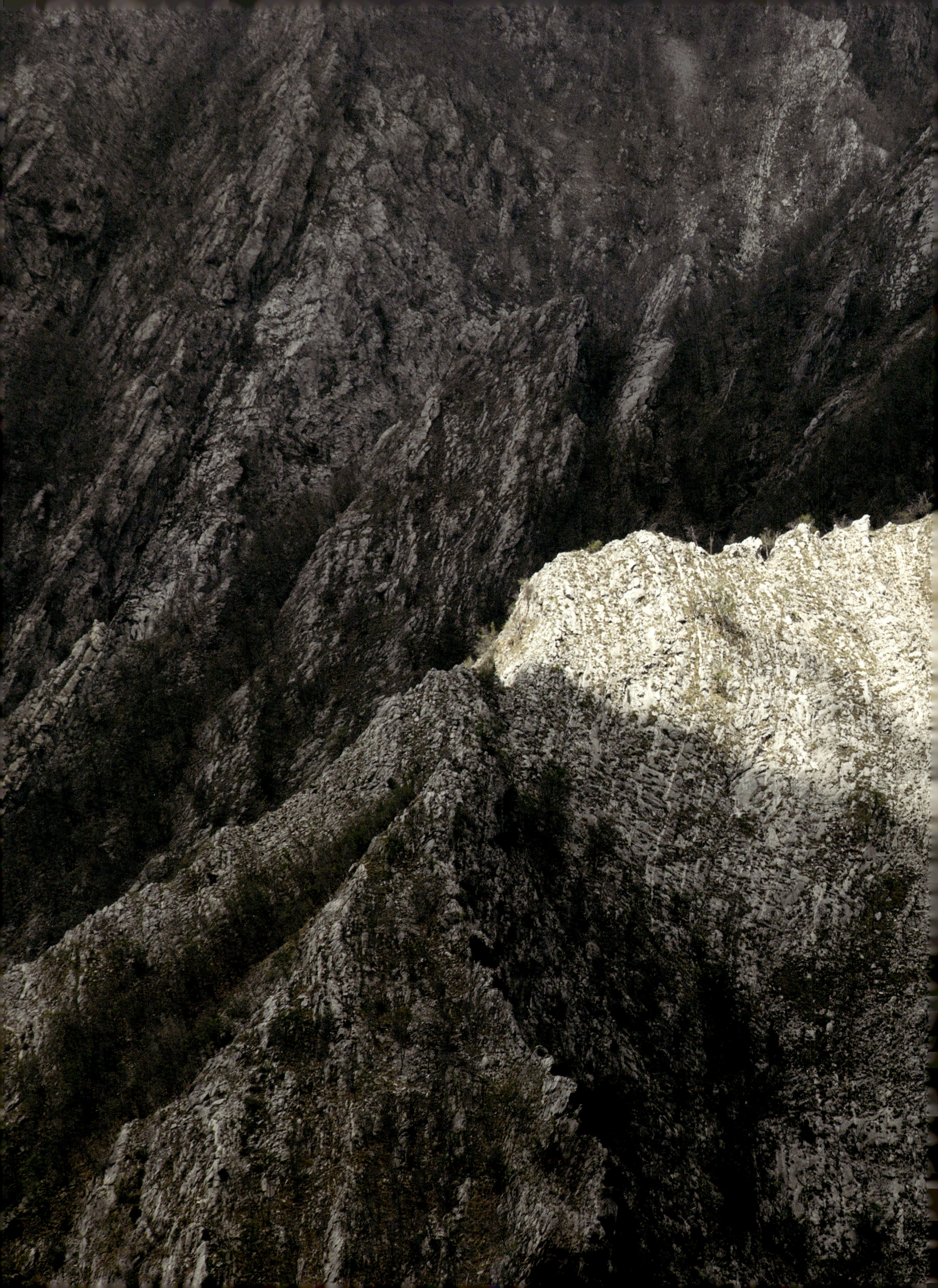

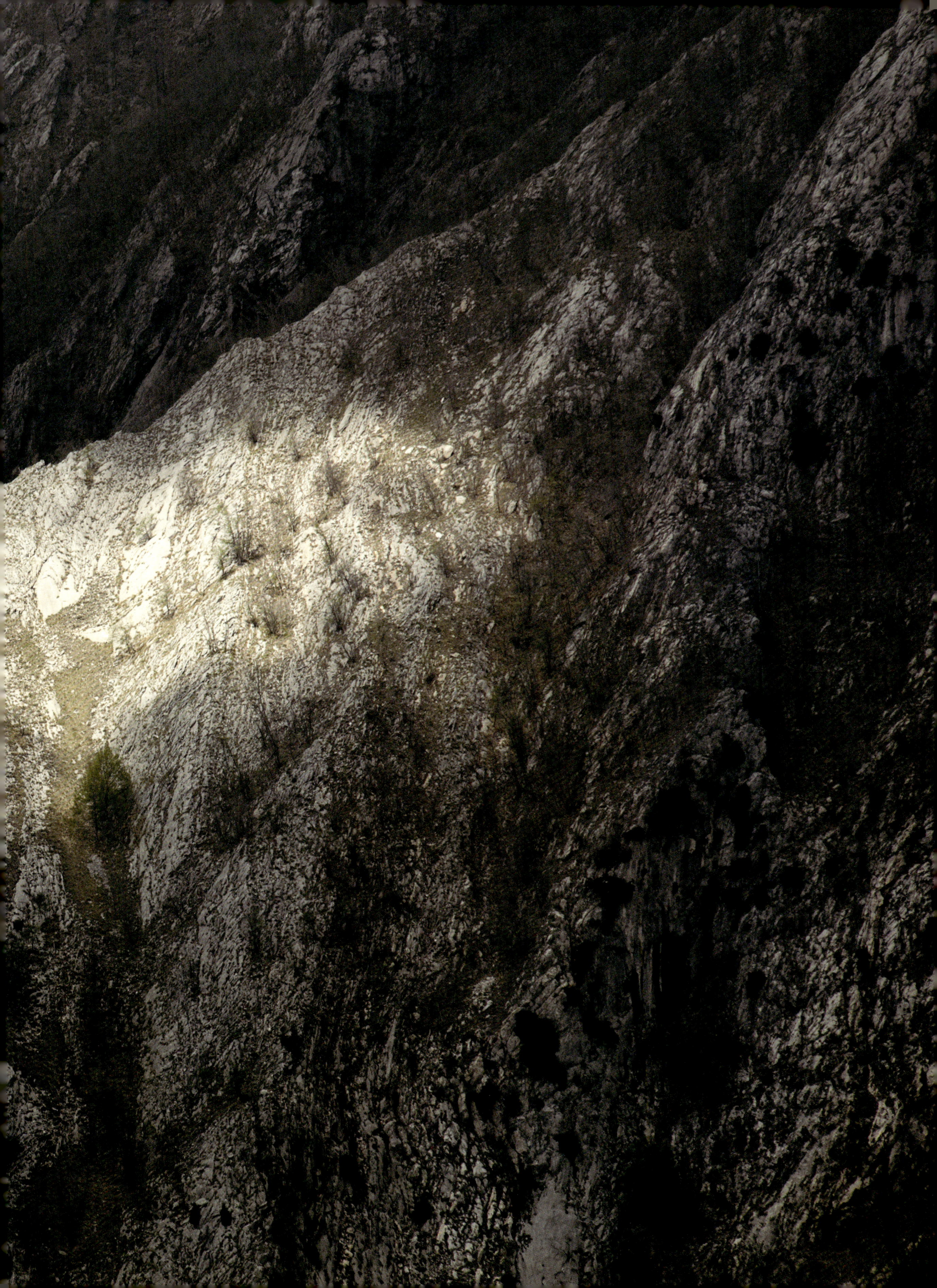

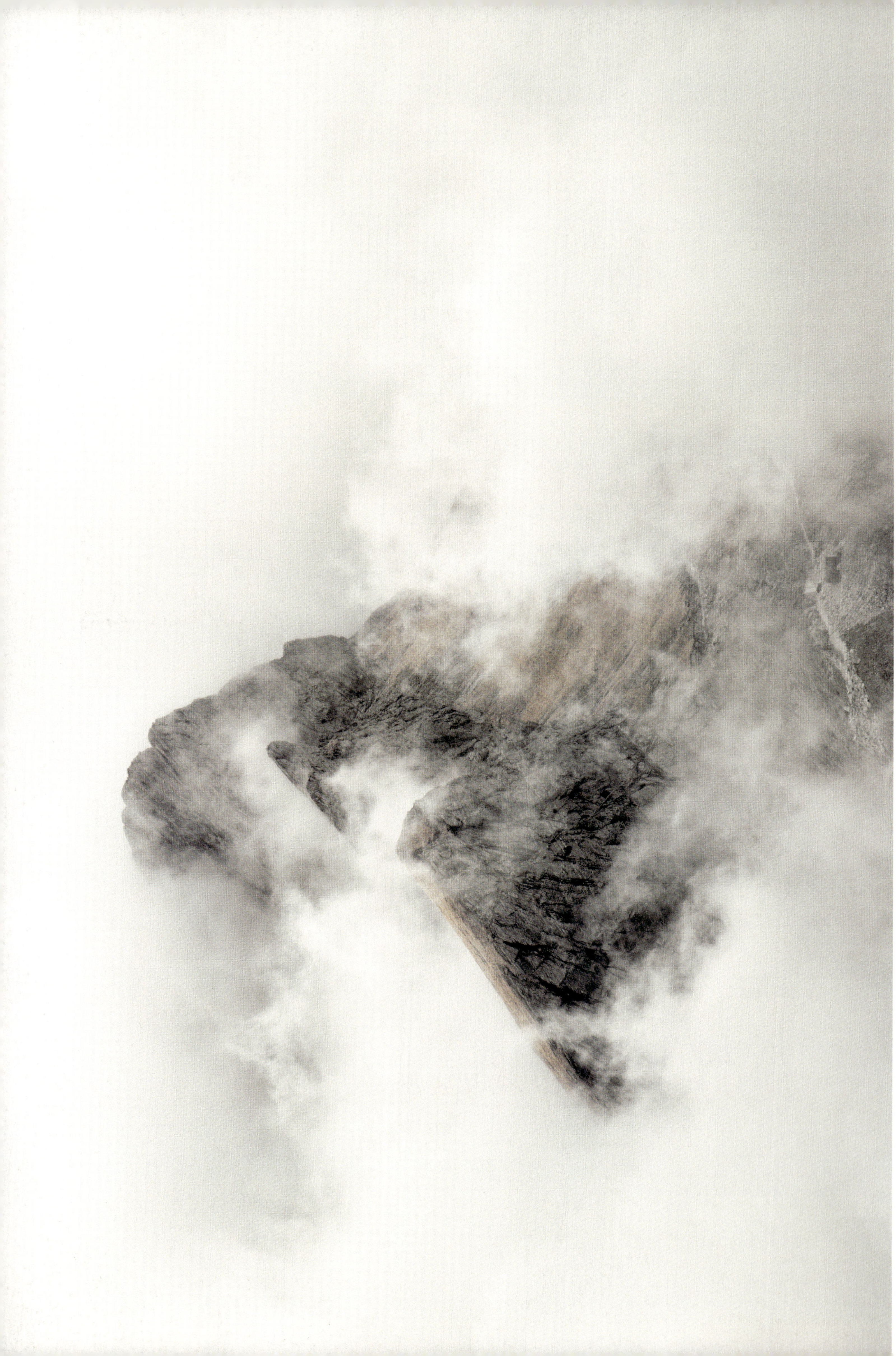

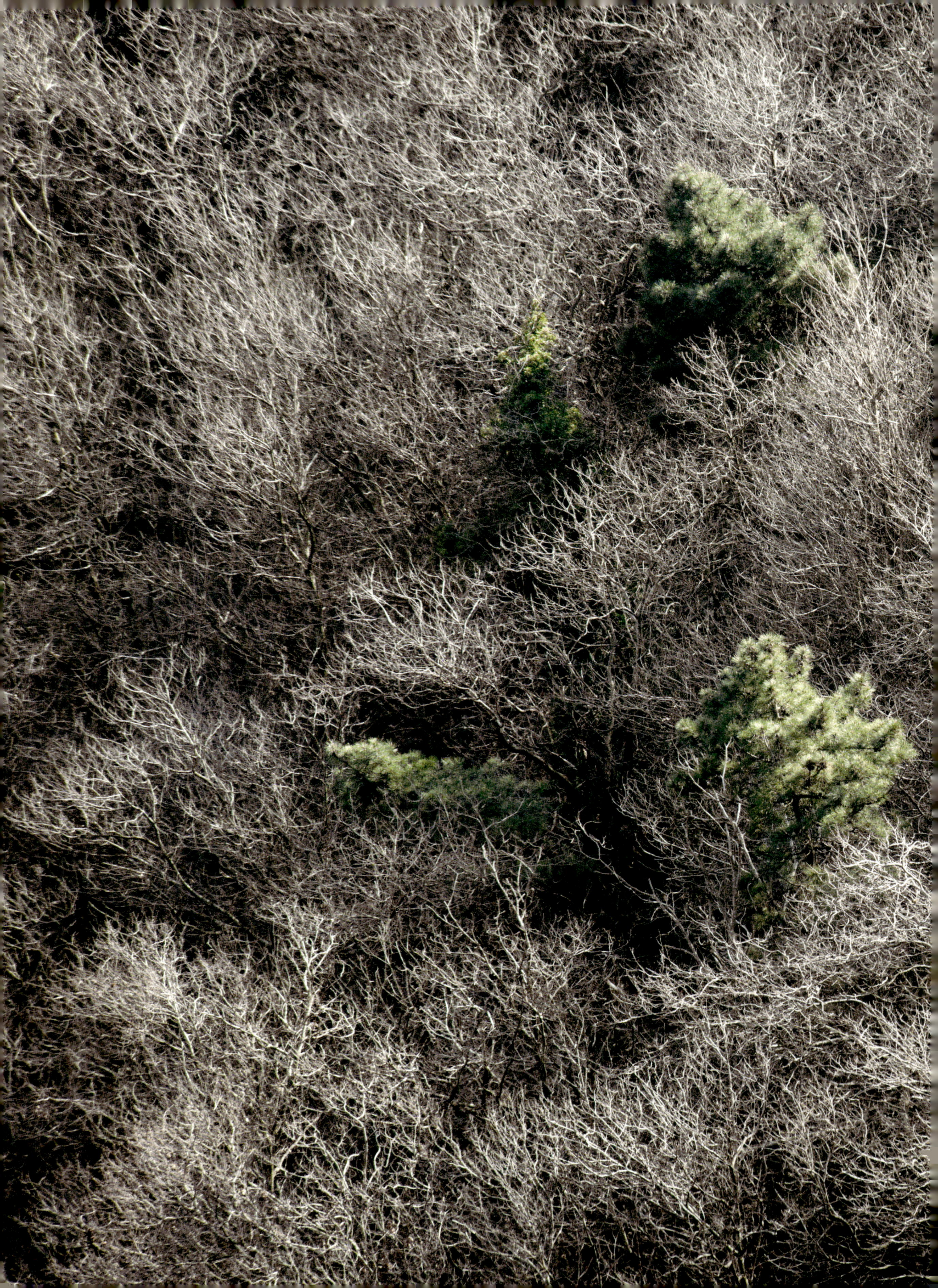

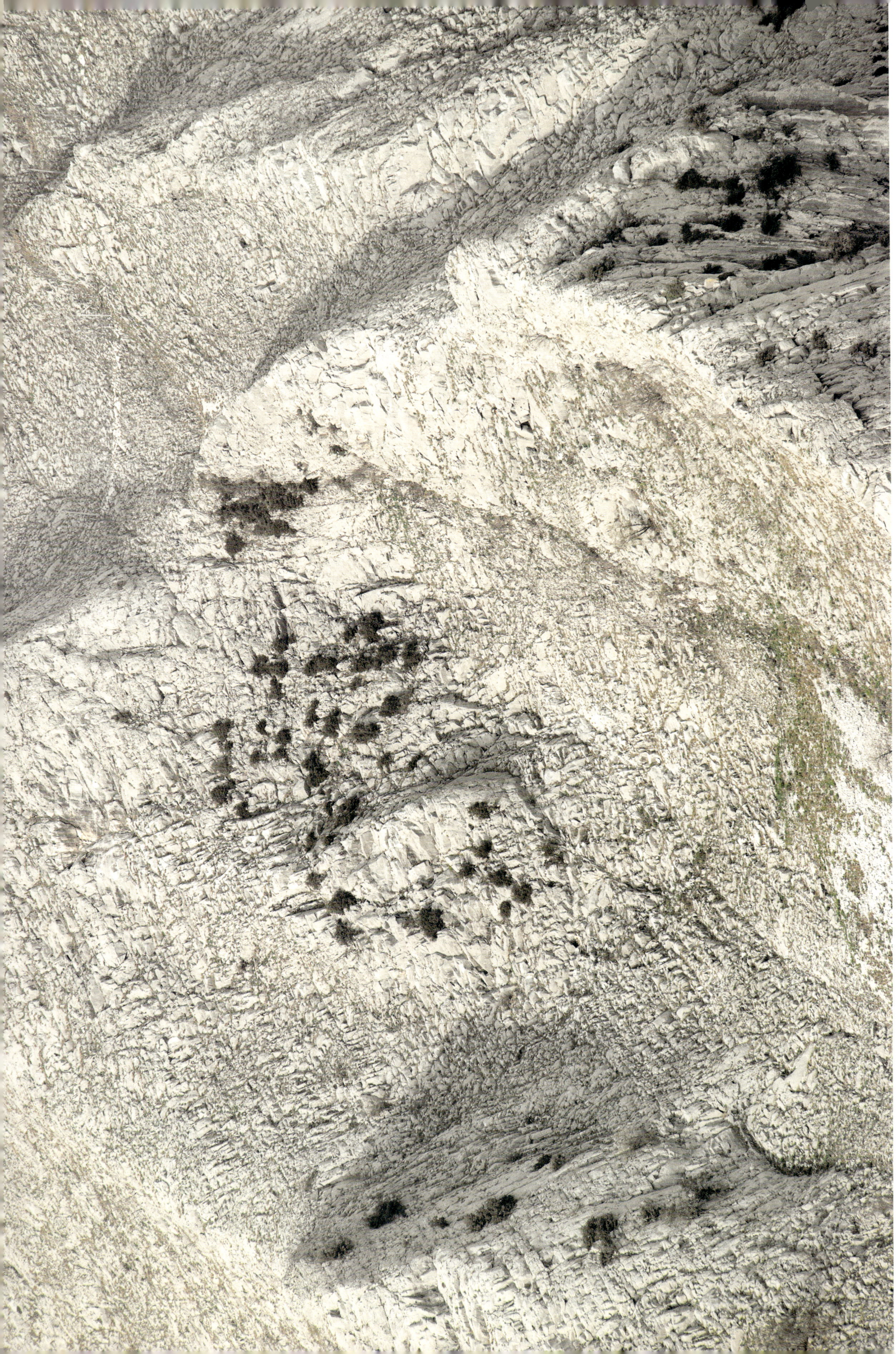

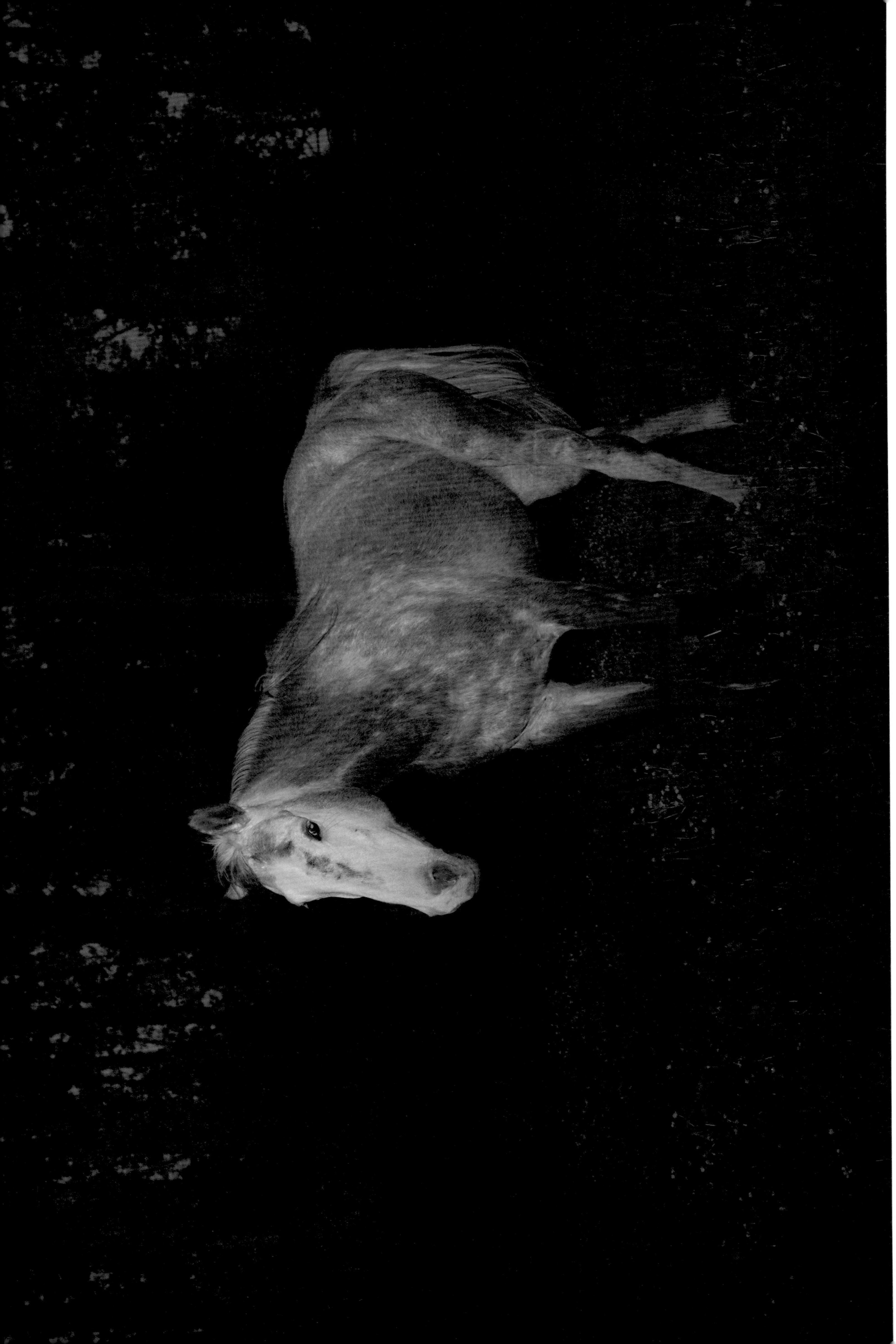

Le miracle une fois le dernier obstacle franchi,
annonce de prochaines incertitudes.
Exister en suspens. Se redresser.
Garder la tête haute en attente d'une étincelle.
La dignité, quoi qu'il advienne.
Ignorer les lèvres pincées, les gestes du refus,
le mépris. Tenter, encore et encore,
si près du but, ne pas abandonner, ne pas chuter.
Y croire, encore. Les doigts écorchés,
les ongles brisés, les muscles meurtris,
l'amour propre piétiné.

Dans leurs pensées plane la menace du retour,
la hantise de l'échec cinglant.
Les souvenirs saturés par le courroux des éléments,
et par la cruauté des hommes,
garderont intacts les récits des nuits froides,
au crépuscule de la faim.

À genoux, mais toujours prêts à tout pour caresser
un peu, un tout petit peu,
le bonheur perché là-haut, au-dessus
des doutes d'un destin confisqué.

The miracle, once the last obstacles have been overcome, foreshadows new uncertainties. Living in suspense. Stand tall. Keep your head high as you await the glint of light. Dignity, come what may.
Pay no attention to the pursed lips, the gestures of refusal, the disdain. Try again. Again. You are so close now. This is no time to give up, to flounder. Bruised fingers, broken nails, aching muscles, pride trampled. Hold to your conviction.

The menacing thought of going back, the horror of a crushing failure. Memories, saturated by the wrath of the elements and the cruelty of men, will keep the stories intact of those cold nights in the twilight of hunger.

On their knees, still, ready to do anything to feel, however slightly, the smallest measure of happiness perched above, just above the doubts of a confiscated destiny.

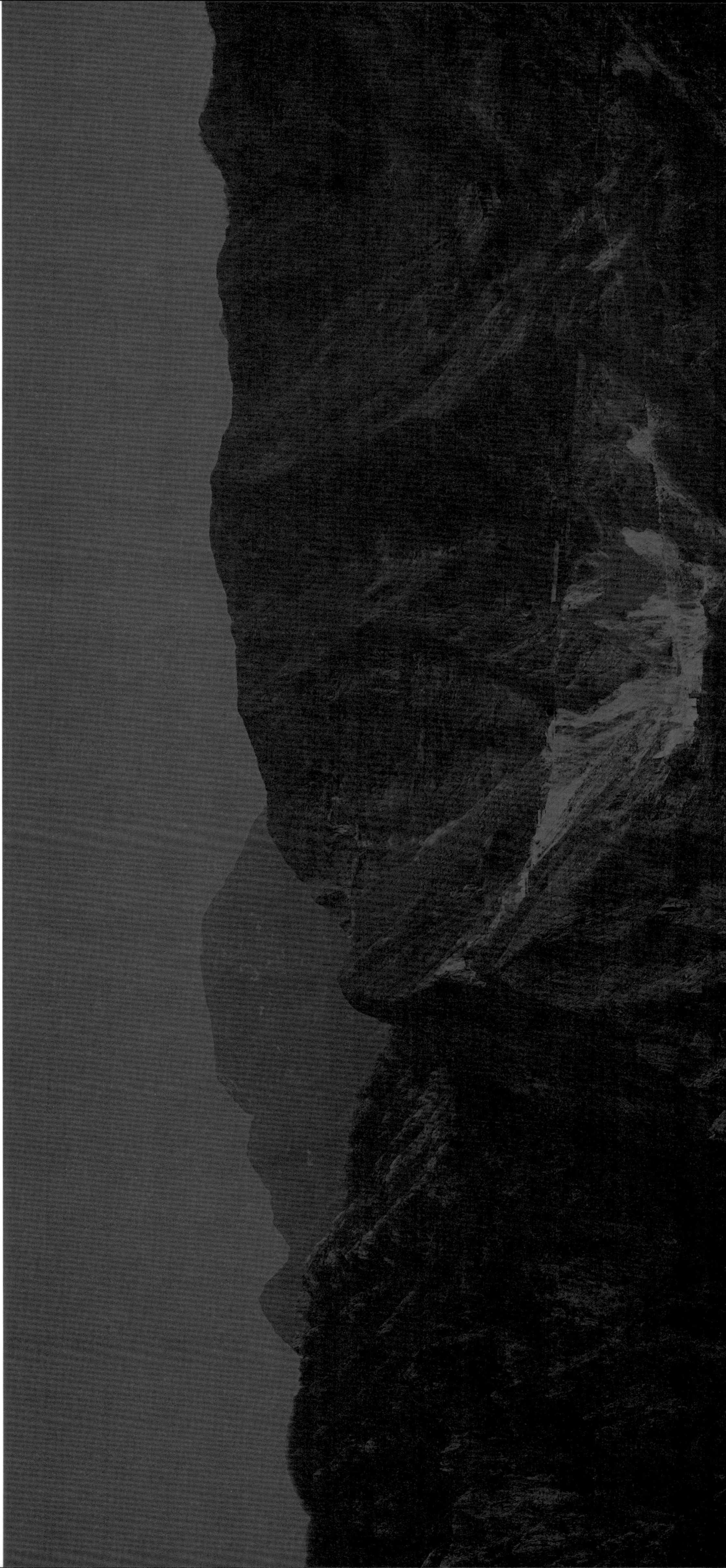

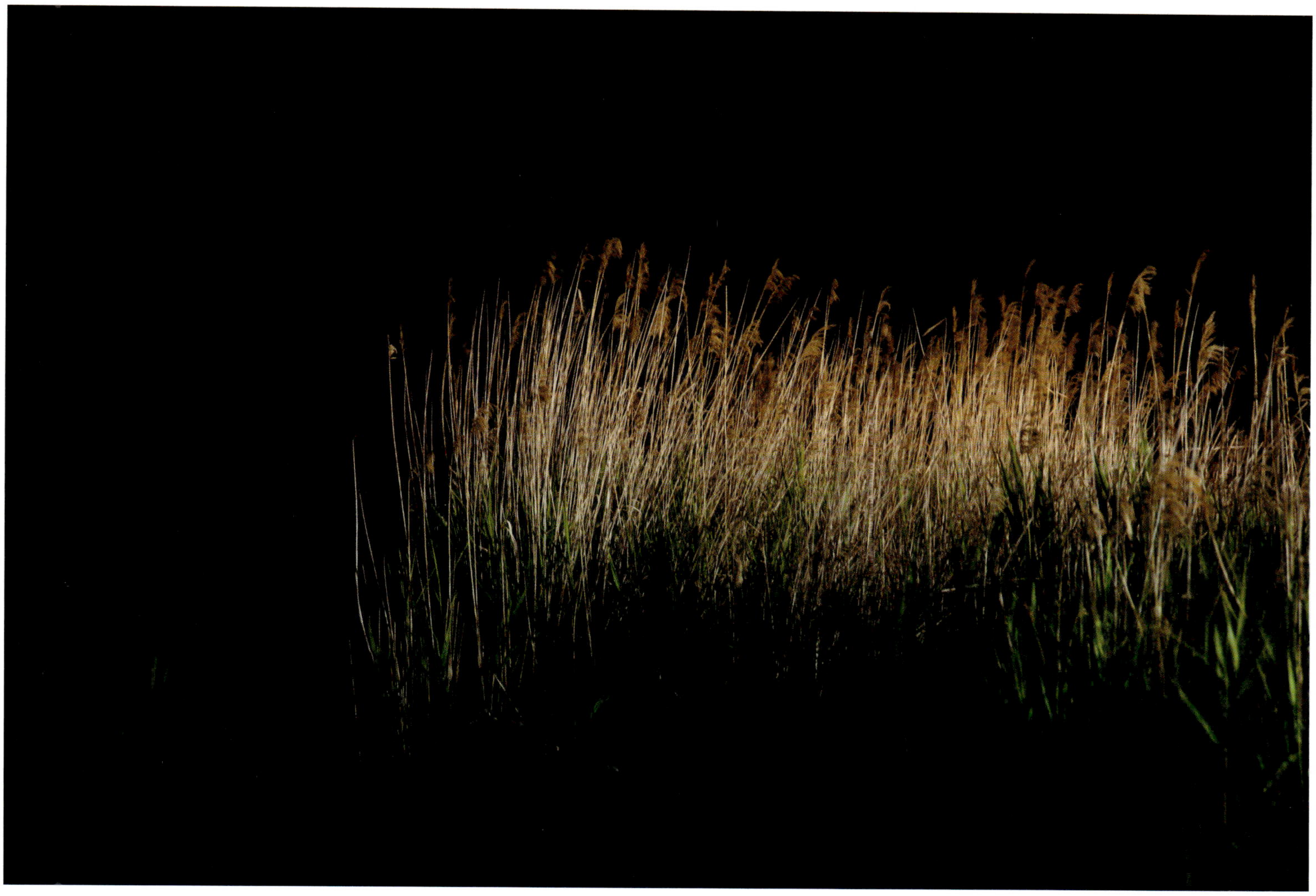

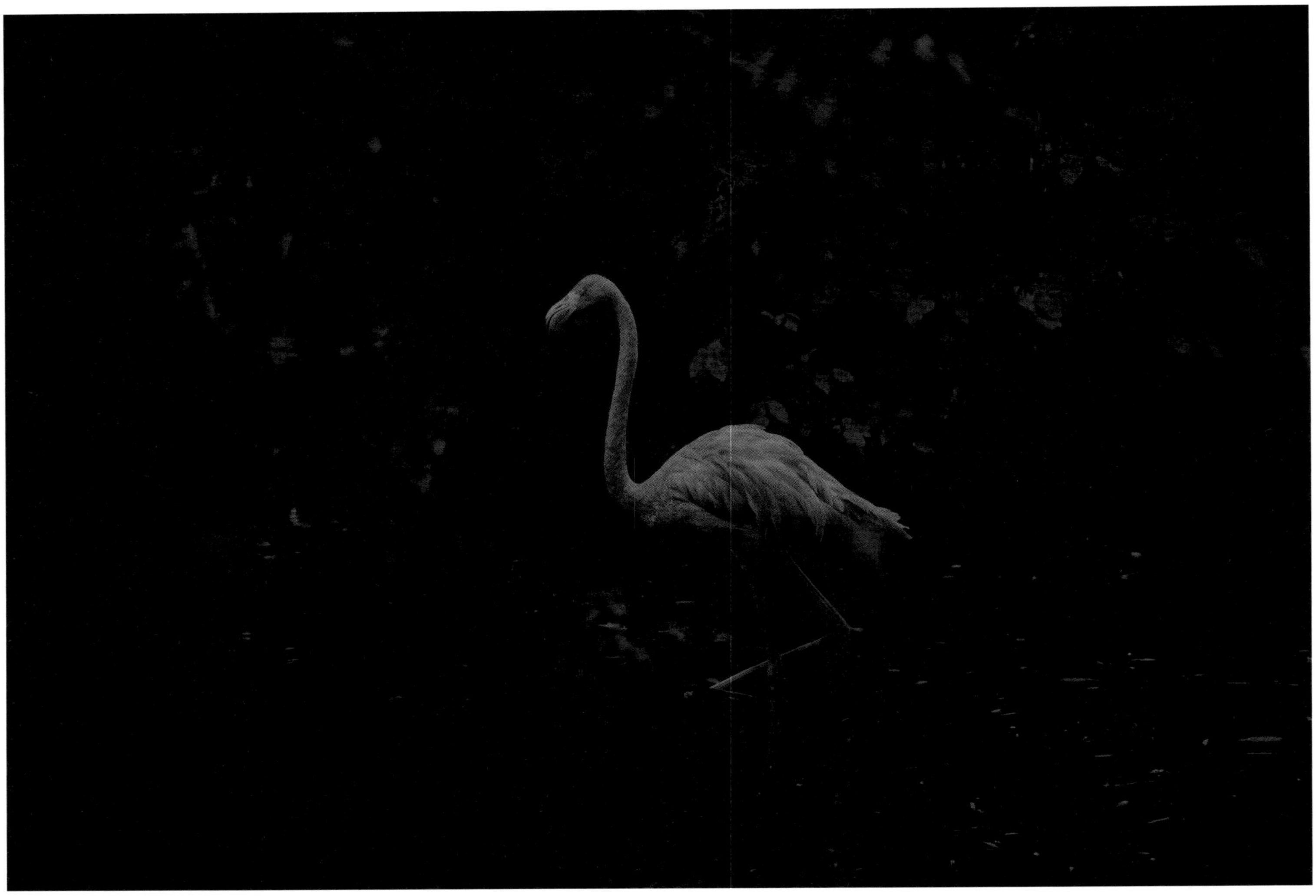

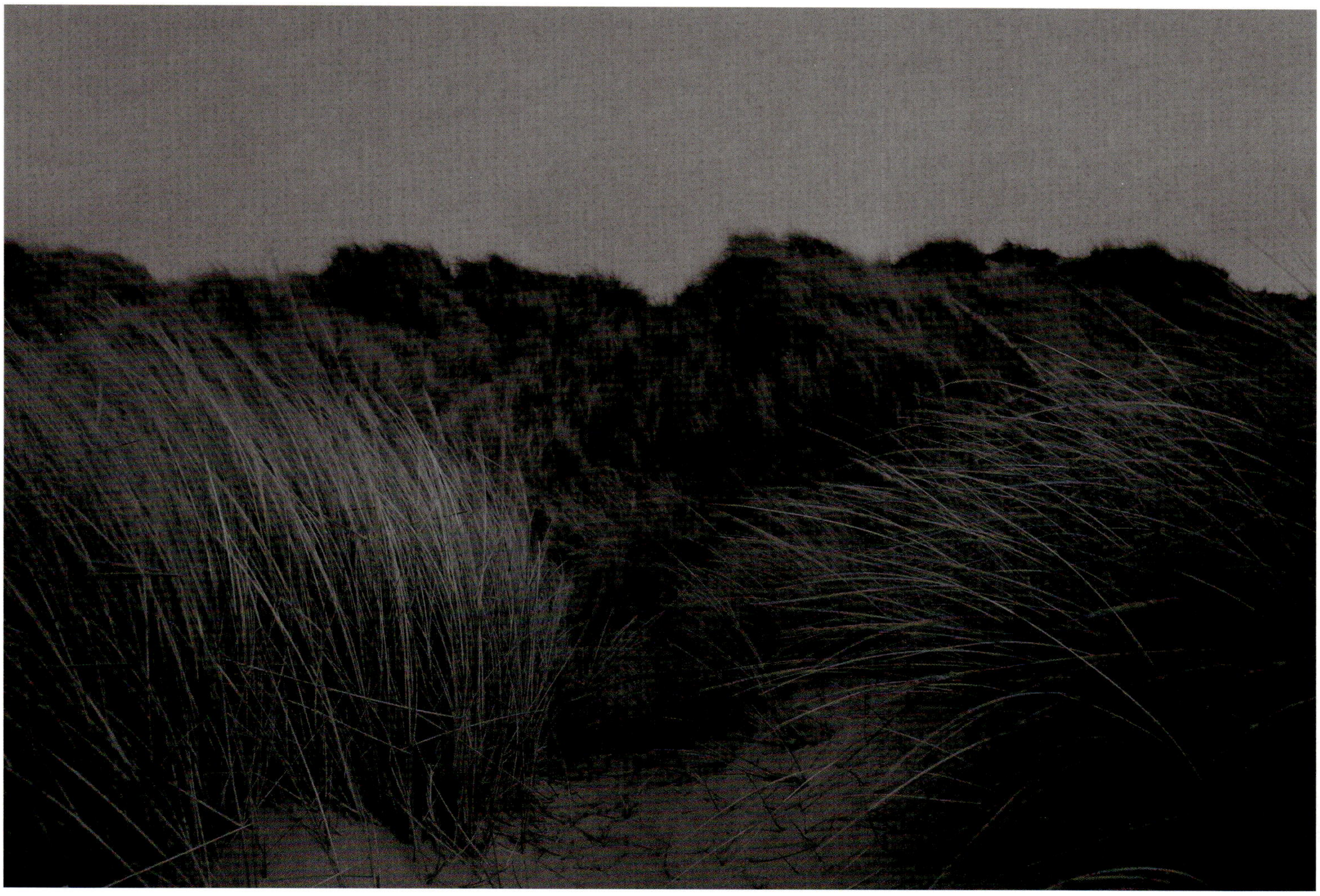

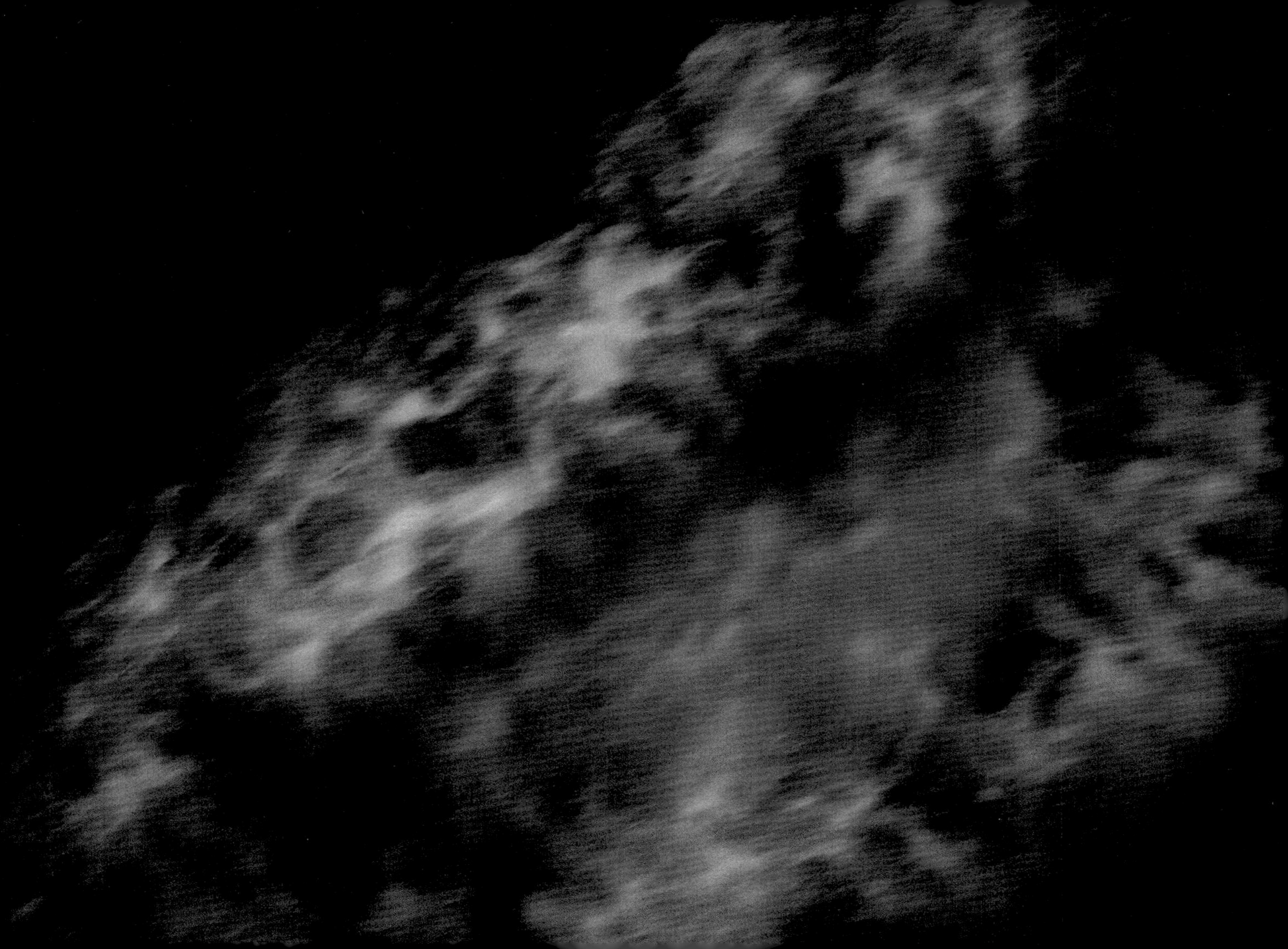

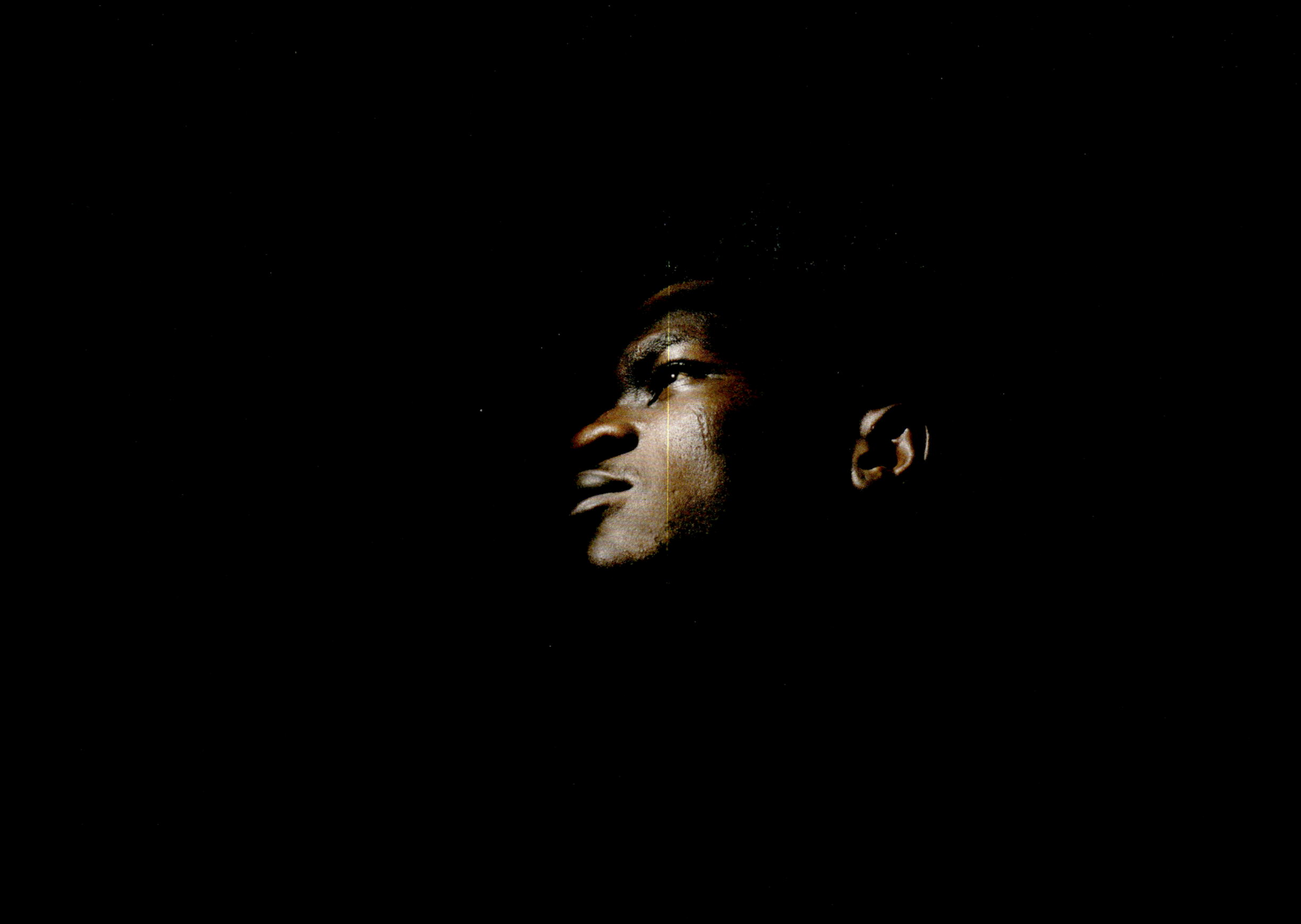

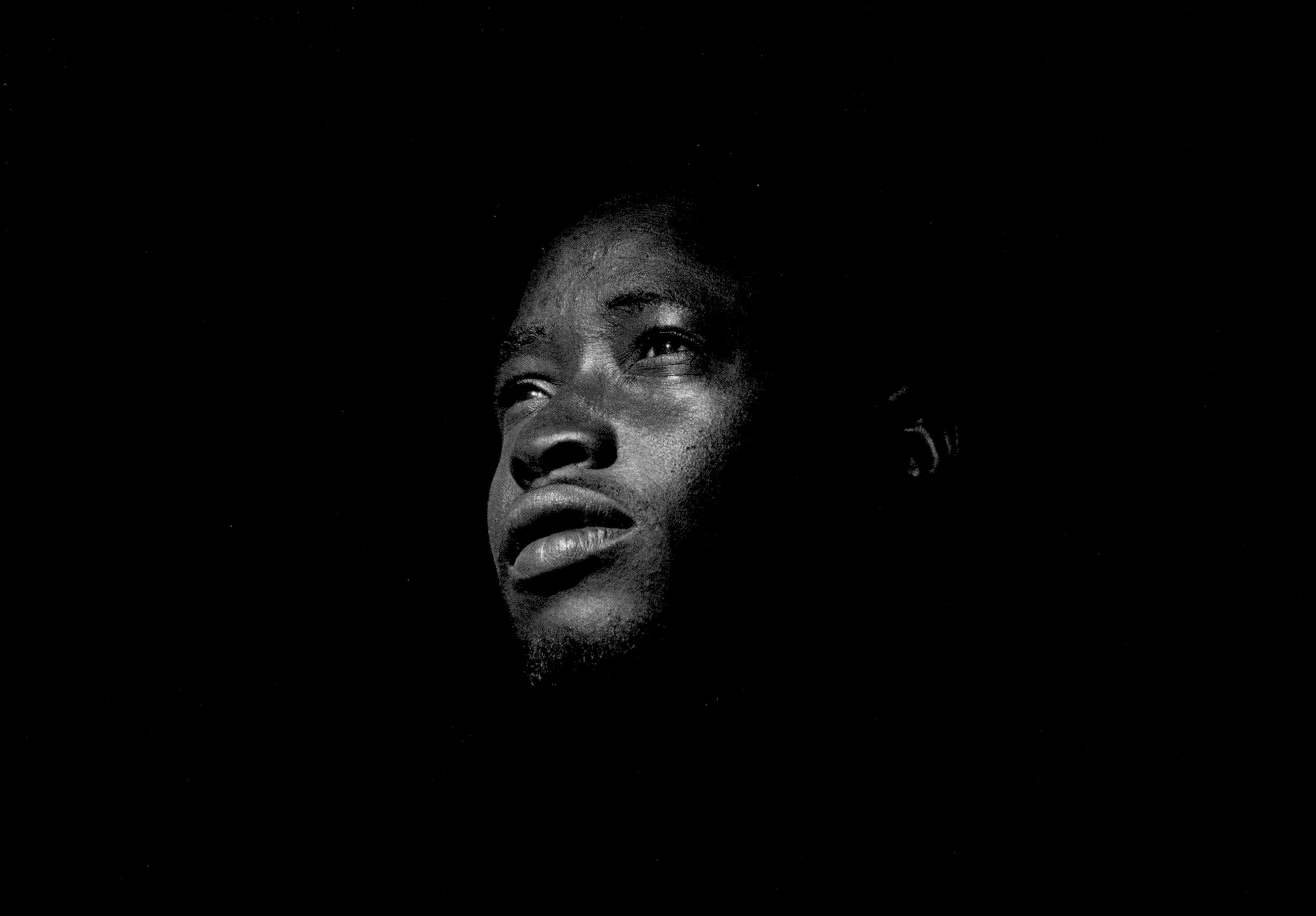

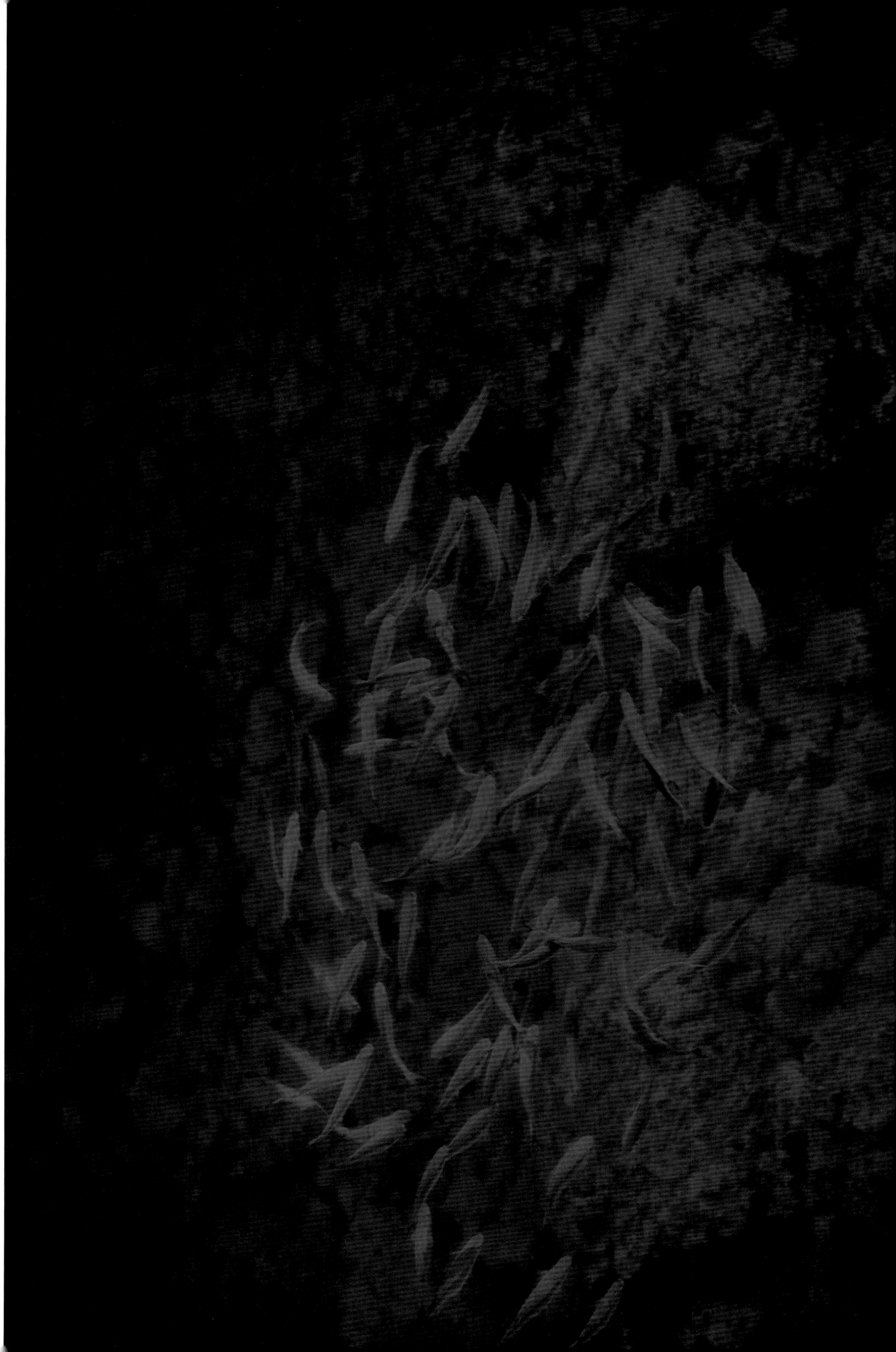

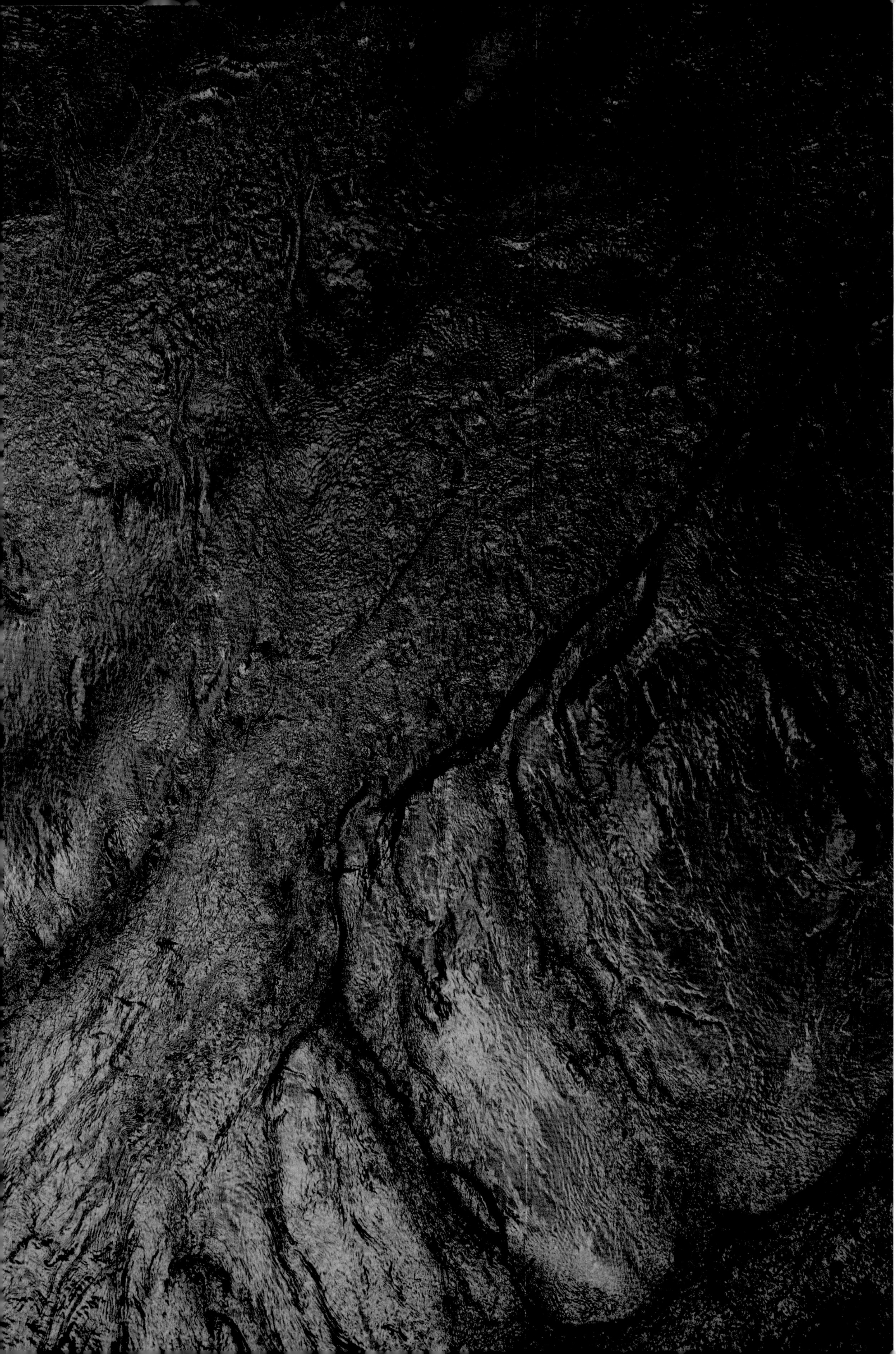

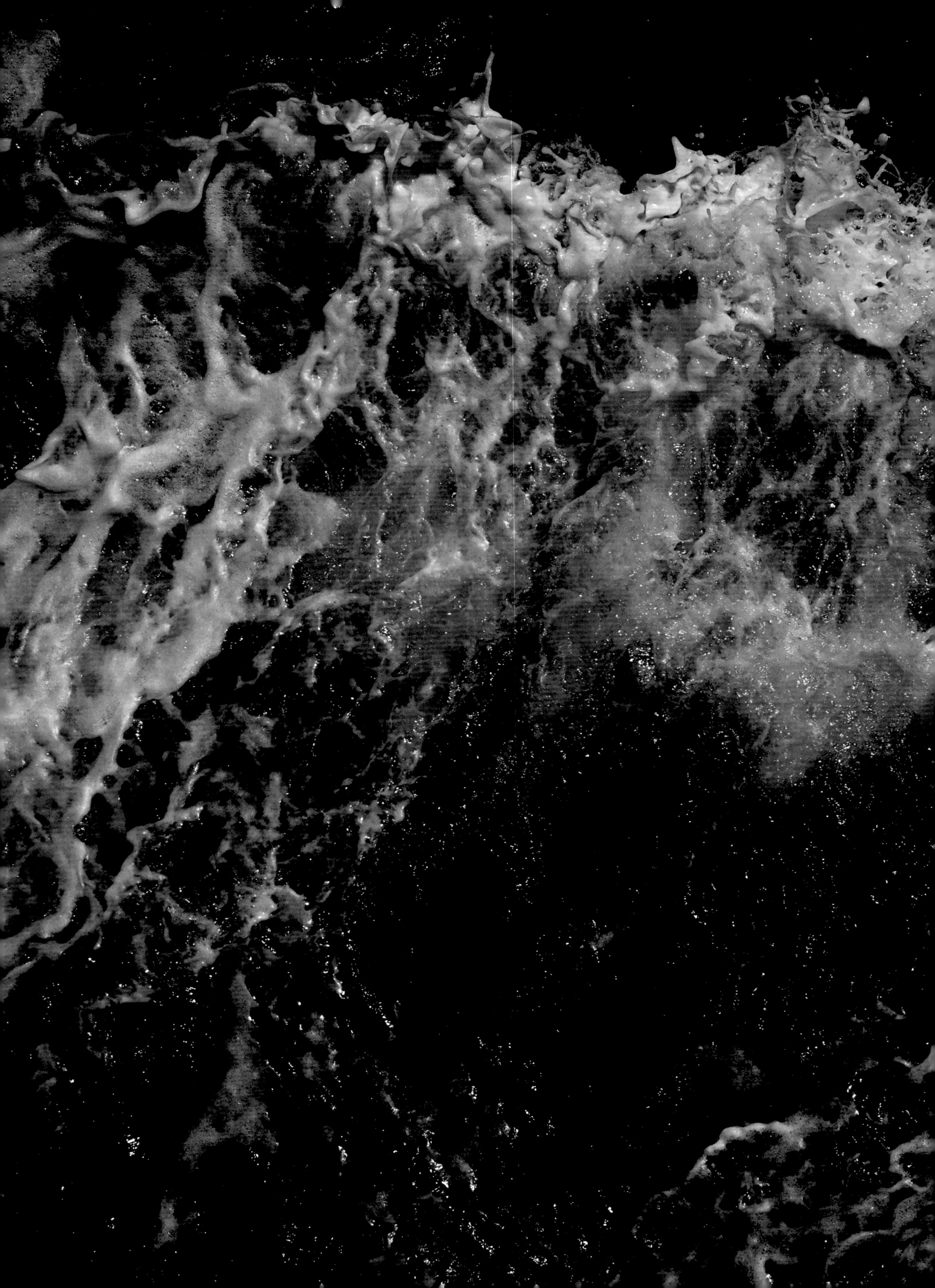

Meanderings of stymied wills, riddled by fear and worry at every moment, crouched in the blind spot of a longing that keeps distancing itself, returns momentarily then pulls the calvary to the brink of despair. An interminable saga, of weeks, of lost months caught up in waves of bitterness, tears. All that remains are the furtive beats of weary hearts. They waste away in the final shudders of a distant glimmer, tossed between the agony of expectation and the sweetness of an illusion that persists, without a compass in the darkness. Rumors of shipwrecked destinies quieten. These smothered cries remind the world of the insatiable yearning for a future by multitudes of people. Together they form a dissonant choir strewn into the air. These desperate clamors disperse, erasing the arbitrary markers that carve up landscapes and divide humanity.

The whirring tides will keep lapping the shore and rocks, long after the ultimate convulsions of humanity. The wind will carry away the words of love, the speeches of hate and the vain prayers to gods. The swell will swallow up the garland of personal effects—clothes, shoes, toys—abandoned on the coasts. Still the immeasurable distress of failure will remain at the borders, indelible in the memory of time.

Déambulation aléatoire de volontés contrariées,
rongées par l'effroi et par l'inquiétude à chaque
instant, tapies dans l'angle mort d'un souhait qui s'éloigne
souvent, revient parfois et étire le
calvaire jusqu'aux abords du désespoir.
Une épopée interminable, des semaines, des mois
perdus parmi des flots d'amertume, de larmes.
Ne subsistent que les battements furtifs de cœurs
éprouvés. Ils dépérissent dans les ultimes soubresauts
d'une lueur lointaine, ballottés entre le supplice de
l'attente et le miel d'une illusion qui persiste, sans
boussole dans les ténèbres.
L'écho des destins naufragés faiblit.
Ces cris étouffés rappellent au monde l'insatiable désir
d'avenir d'une multitude d'anonymes, ensemble ils forment
un chœur dissonant qui s'éparpille dans les airs.
Ces clameurs désespérées se dispersent,
elles effacent les tracés arbitraires qui morcellent
les paysages et divisent l'humanité.
Le ronronnement des marées continuera longtemps
à lécher les plages et les falaises, bien après
les derniers soubresauts des Hommes.
Le vent emportera les mots d'amour, les paroles de haine,
et les vaines prières aux dieux. La houle engloutira
des guirlandes d'effets personnels, habits,
souliers, jouets abandonnés sur les côtes,
mais l'incommensurable détresse échouée sur les
frontières restera, indélébile, dans la mémoire du temps.

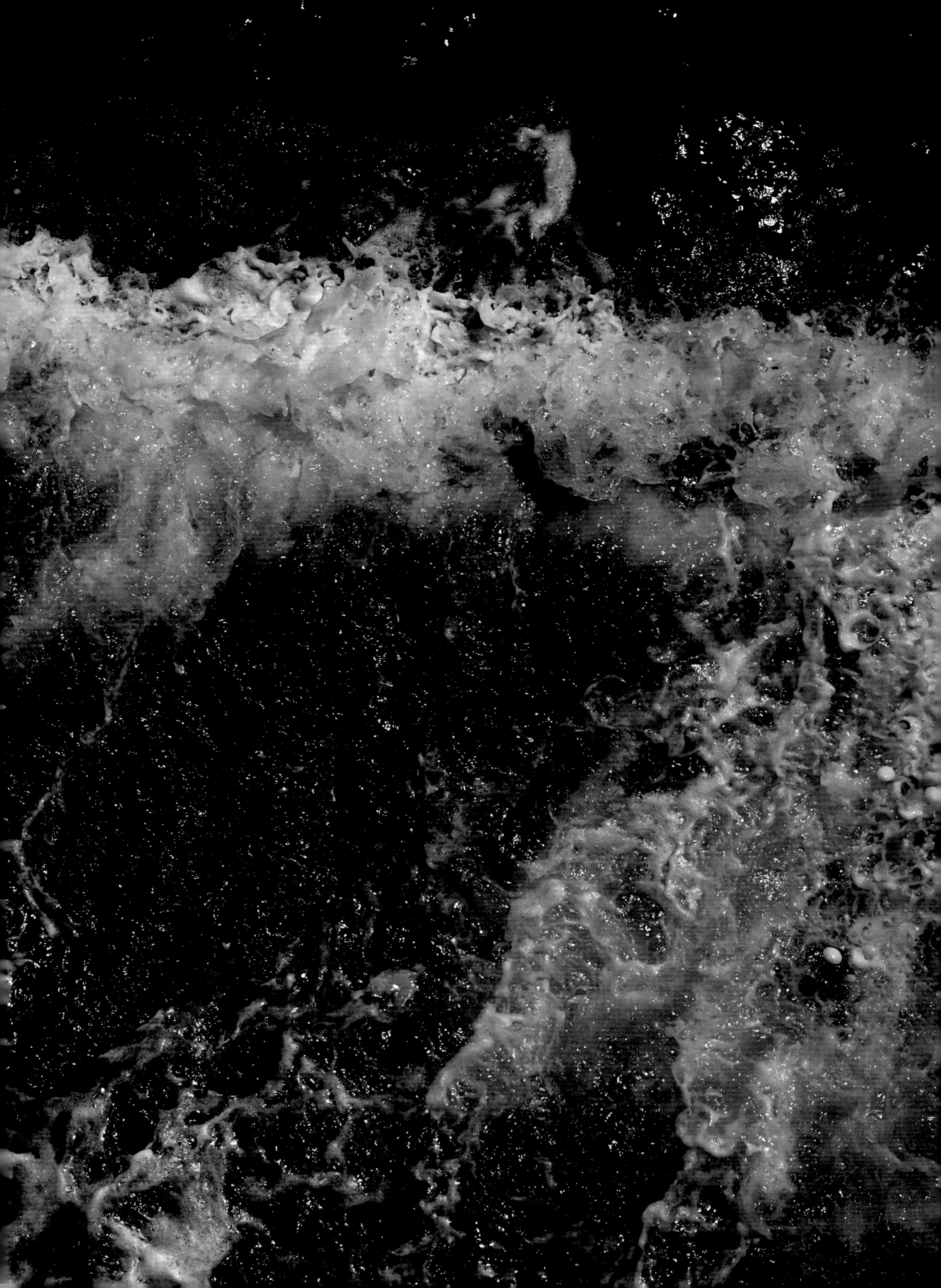

Borders—artificial markers, blight on the horizon ... Can anybody not know that the human is an upright being, perpetually in motion? These barriers inflicted on the Earth lacerate the course of the winds and lend their breeze a funereal accent.
These barriers put a stop to dreams of welcome, put a stop to the hope for better tomorrows. Flaps of flesh, skin, blood ornament the walls and fencing, bristling with barbed wire and metal to halt bodies. Checkpoints, watchtowers, sentinels, scars on landscapes—making dreams into nightmares.
Who are these nameless silhouettes with fear in their hearts, scrambling, these wandering specks of dust in the middle of the desert, these flickering dots slowly moving around on the radar screen sweeping the surface of the sea?
Children, women, men bound for ... somehow connecting worlds of abundance and lands of destitution. They rise up, grumble, muddle the certainties of yesterday and uncover the lies of today.

They lay in mud, nearly sinking, resist, yet some do go under in the breaking waves. Fugitives, one foot before the other, they attempt one more time to go forward, never giving up. Inhabited by an unstoppable force, compelled to get over there, to reach the other side, at all costs.

They leave behind a shrunken world where happiness dissipated from the very moment that life became a series of questions with no reassuring answers. They leave behind fragments of civilization, of disturbing collective memories, that make their way into museums, become ethnological curiosities, anthropological peculiarities, endangered people. Today's silence offers them nothing for tomorrow. Not alternative.
All that is left to do is to escape, flee. A glow in their eyes, new horizons! Elsewhere, an aesthetic of the future! Giddiness, believing, again and again, in deliverance. A breath of fresh air whilst hurtling down the side of the mountain at full speed.
Hope has transformed them into survival machines, ready to give their lives for the embrace of open arms, to stride impassable waters, to endure the sunrays in a stark landscape, the burning light that scorches the skin. And a thirst that makes you nearly lose your mind ...
Always in a hurry, backs against the wall. To move ahead, they have to develop an instinct to discern the direction of the wind and rush into its fold.
They make headway with great strides, exhilarated by the prospect of luminous tomorrows. Women, men, able bodied, mentally prepared, fixated on the day of departure. Enlivened by a longing for beauty, for security, for comfort. A necessity that has become vital: the only possible way out.

When the land of your childhood is consumed by fire, all that remains is turmoil, and an irresistible surge that disregards the dangers.
Promise never to give up on yourself. Take in all those familiar perfumes of your childhood, the particular flavors carried on the winds of your country. Etch into your memory the images of hearth and home, hold on to the details, three, four miniscule mementos that sum up the years gone by.

Set off, heartbroken, so that later on you can breathe, live, over there, beyond the borders. One day, finally the journey at dawn, head buzzing, a new birth. Heart, racing a mile a minute, knees shaking—so much courage and even greater apprehension. When the hour of departure rings out, what they fail to hear is the death knell.

In no time, yesterday is the distant past and what looms large is the fear of never going back. Right from the start, those who embark on the path of hope, live in absence, on the wrong side of the world. They take off, stagger, trudge, as best they can. Keep moving, further and further. Their feet in the sand, they take a whiff of the surrounding air, gasp, go round in circles, looking around and around. Yes, that's it, just beneath the barrier. Find a pathway. Get your bearings at night, on all fours, to dig at the layers of sediment so that you can slip through. Keep at it, till you bleed.
Constantly on the look out because the next second can literally lead into the gates of hell. Cross over into horror, calamity. The target of all forms of predation, they anticipate the blows to come, the scars on the body, the wounds to the soul that will never heal. The humiliations.

And even if the pulse has already slowed, pull it together, breathe, keep a cool head. They have toughened up since that first hazardous departure, toward the unknown. Scrawny bodies on the

verge of collapsing, precarious footing, encumbered. Their sky blackens right here in the mire, in the subterranean abyss, the kingdom of those who sleep on bare ground, heads hung low, imploring.
Solitude.

Then the chaos begins, comes in to plain view on screens and defies humanity. Some become cadavers, a massacre, mired at the bottom of the sea. On a starlit night, something near invisible can be made out, something nebulous, intense, still girding bodies, slowly sinking into the waters.

Others disappear into the oblivion of chains and bars and, despite everything, hold in their grip an awakened dream.

All-out exile hastens the end of a time and announces a new world, uncertain yet full of promise … With misery for luggage, they push back on boundaries, reshape continents and suggest new contours.

They arrive with unparalleled riches—the infinite time of hope!

No sooner are they out of the shadows, the enchanting words repeated at nighttime become silence. No more singing at the top of their lungs to galvanize each other … Dread overcomes them and saps their souls.

Fortunately, the beauty of silence at times murmurs sweet tomorrows, light emits from a beacon, chimera or folly, does not matter!

The mirage of a brilliant dawn persists behind the haggard appearances and downtrodden expressions. Hope goes around in circles, constantly seeking a way out.

The miracle, once the last obstacles have been overcome, foreshadows new uncertainties. Living in suspense. Stand tall. Keep your head high as you await the glint of light. Dignity, come what may.
Pay no attention to the pursed lips, the gestures of refusal, the disdain. Try again. Again. You are so close now. This is no time to give up, to flounder. Bruised fingers, broken nails, aching muscles, pride trampled. Hold to your conviction.

The menacing thought of going back, the horror of a crushing failure. Memories, saturated by the wrath of the elements and the cruelty of men, will keep the stories intact of those cold nights in the twilight of hunger.

On their knees, still, ready to do anything to feel, however slightly, the smallest measure of happiness perched above, just above the doubts of a confiscated destiny.

Meanderings of stymied wills, riddled by fear and worry at every moment, crouched in the blind spot of a longing that keeps distancing itself, returns momentarily then pulls the calvary to the brink of despair. An interminable saga, of weeks, of lost months caught up in waves of bitterness, tears. All that remains are the furtive beats of weary hearts. They waste away in the final shudders of a distant glimmer, tossed between the agony of expectation and the sweetness of an illusion that persists, without a compass in the darkness. Rumors of shipwrecked destinies quieten. These smothered cries remind the world of the insatiable yearning for a future by multitudes of people. Together they form a dissonant choir strewn into the air. These desperate clamors disperse, erasing the arbitrary markers that carve up landscapes and divide humanity.
The whirring tides will keep lapping the shore and rocks, long after the ultimate convulsions of humanity. The wind will carry away the words of love, the speeches of hate and the vain prayers to gods. The swell will swallow up the garland of personal effects—clothes, shoes, toys—abandoned on the coasts. Still the immeasurable distress of failure will remain at the borders, indelible in the memory of time.

À Alice et Olga

Je remercie très chaleureusement et j'ai une pensée particulière pour Sadjo, Hamidou, Sultan, Fatoumata, Dako, Ibrahim, Abderrahmane, Idriss et Ali.

Merci à Jean-Baptiste Guey, Valérie Lesbros, Marianne Revoy, Fred Boucher, Didier de Faÿs, Marco Bechini, Héloïse Conésa, Françoise Bornstein, Enrico Stefanelli et Marco Pulga pour leur soutien et regard bienveillant.

Je tiens à remercier la Bourse du talent pour le prix obtenu en 2017, le Centre national des arts plastiques pour le soutien à la photographie documentaire contemporaine obtenu en 2018, ainsi que Diaphane, pôle photographique en Hauts-de-France, et le festival Photolux pour le prix "European Residency Award" décerné en 2019. Ces aides m'ont permis d'avancer dans la conception, la recherche et la réalisation de ce projet.

Je tiens également à remercier la Bibliothèque nationale de France, l'Institut français de Tunisie, le festival Itinéraires des Photographes Voyageurs, la Quinzaine Photographique Nantaise, les associations Agricola Calafata et Arci Porco Rosso ainsi que le Centre d'accueil de demandeurs d'asile de Tourcoing.

Merci à Wilfried N'Sondé d'avoir partagé ce long cheminement.

Ce livre n'aurait pas pu voir le jour sans le précieux soutien d'Anne-Sylvie Bameule ainsi que le travail et l'engagement de Géraldine Lay et de Christel Fontes des éditions Actes Sud que les auteurs remercient tout particulièrement.

Les photographies de cet ouvrage sont volontairement dépourvues de légendes. Elles ont été réalisées de 2016 à 2019 en France, en Italie, sur l'île de Lampedusa, en Espagne et en Tunisie.

Borders n'est pas composé comme une série linéaire, ni tout à fait comme un récit : plutôt comme un recueil. Jean-Michel André photographie les reliefs de territoires traversés en révélant l'ombre, l'errance, et en traçant un fragile liseré entre le réel et l'imaginaire, le souvenir et le présent.

La temporalité y est flottante et les espaces sont incertains. En ne situant pas les prises de vues, Jean-Michel André gomme volontairement la carte, afin de soustraire son travail à une lecture strictement documentaire. Il ne date pas non plus les photographies qui composent ce travail et abolit le mince fil tissé entre mémoire, oubli et projections.

En provoquant la mise en tension de fragments de paysages, de portraits et de textes, Jean-Michel André et Wilfried N'Sondé installent une atmosphère poétique, grave, et sondent le vertige du vide.

Ce projet invite le regardeur à un cheminement, celui de l'exil, de l'errance mais aussi de l'espérance et de la résistance.

To Alice and Olga

I want to thank most warmly, and especially, Sadjo, Hamidou, Sultan, Fatoumata, Dako, Ibrahim, Abderrahmane, Idriss and Ali.

Thanks go to Jean-Baptiste Guey, Valérie Lesbros, Marianne Revoy, Fred Boucher, Didier de Faÿs, Marco Bechini, Héloïse Conésa, Françoise Bornstein, Enrico Stefanelli and Marco Pulga for their support and benevolent eye.

I would like to thank the Bourse du Talent for the prize awarded in 2017, the Centre National des Arts Plastiques for supporting the contemporary documentary photography award, granted in 2018, as well as Diaphane, the photography center in Hauts-de-France, and the Photolux Festival for the "European Residency Award" I received in 2019. These prizes and awards together allowed me to advance in the conceptualization, research and realization of this project.

I wish to also extend my gratitude to the Bibliothèque Nationale de France, the French Institute of Tunisia, the Itinéraires des Photographes Voyageurs Festival, the Quinzaine Photographique Nantaise, the associations Agricola Calafata and Arci Porco Rosso, and the Tourcoing Asylum Welcome Center.

Thank you Wilfried N'Sondé for sharing this long journey with me.

This book would not have been possible without the invaluable support of Anne-Sylvie Bameule, and the hard work and commitment of both Géraldine Lay and Christel Fontes at Actes Sud, to whom the authors would like to express their deepest appreciation.

The photographs in this book are expressly presented without titles. They were taken between 2016 and 2019 in France, Italy, on the island of Lampedusa, Spain and Tunisia.

Borders is compiled neither as a linear series nor precisely as a story: it is conceived as a collection. Jean-Michel André photographs the imprints on territories that have been crossed by revealing the shadows, the wanderings and by tracing the fragile border between the real and the imaginary, between memory and the present.

In these images, temporality fluctuates and spaces are indistinct. The photographer's disinclination to situate the location of the shots erases the map and shields the work from a strictly documentary reading. The absence of dates to accompany the photographs moreover removes the thin thread woven between memory, forgetting and projections.

By producing a tension between fragments of landscapes, portraits and texts, Jean-Michel André and Wilfried N'Sondé give rise to a grave poetic atmosphere and probe the vertiginous effect of empty space.

This project invites the onlooker on a journey, a journey of exile, of wanderings, of hope and of resistance.

Né en 1968 à Brazzaville, Wilfried N'Sondé a fait des études de sciences politiques à Paris avant de partir vivre à Berlin où il est resté vingt-cinq ans. Il habite désormais à Lyon. En 2016, il a enseigné la littérature à l'université de Berne en tant que professeur invité. Écrivain, il publie son œuvre aux éditions Actes Sud, et ses romans sont traduits dans plusieurs langues.

Jean-Michel André est né à Nantes en 1976. Diplômé de l'école des Gobelins en 2000, il poursuit un travail de création photographique au croisement des lectures plastique et documentaire. Sa démarche repose sur une vision politique et poétique du territoire. Il interroge ses limites, sa mémoire et ses évolutions. Il explore aussi la notion de circulation, et notamment celle des flux économiques, financiers et migratoires.

Son travail est diffusé dans le cadre d'expositions, de résidences et de publications en France et à l'étranger. Il fait partie des artistes de la galerie Sit Down (https://sitdown.fr).

Born 1968 in Brazzaville, Wilfried N'Sondé studied political science in Paris before leaving to reside in Berlin for twenty-five years. Today he lives in Lyon. In 2016, he was invited to teach literature at the University of Bern. He is a writer whose work is published by Actes Sud. His novels have been translated into several languages.

Jean-Michel André was born in Nantes in 1976, and received his degree from Gobelins, l'École de l'Image in 2000. His photographs highlight the cross section of the visual and documentary spheres. He approaches his work with a political and poetic vision of territories and questions their boundaries, memories and development. He also explores notions of movement, notably those dealing with economic and migratory flows.

His work can be seen at exhibitions, in-residence and in French and international publications. He is among the artists featured at the Sit Down Gallery: (https://sitdown.fr).

ÉDITEUR : Géraldine Lay
GRAPHISME : Christel Fontes
TRADUCTION VERS L'ANGLAIS : Karen Lindo
CORRECTION DU FRANÇAIS : Yvan Gradis
CORRECTION DE L'ANGLAIS : Bronwyn Mahoney
FABRICATION : Camille Desproges
PHOTOGRAVURE : EBS

ISBN 978-2-330-14471-5
www.actes-sud.fr

Ouvrage reproduit et achevé d'imprimer en décembre 2020 par l'imprimerie EBS à Vérone pour le compte des éditions Actes Sud, Le Méjan, place Nina-Berberova, 13200 Arles

Dépôt légal 1re édition : février 2021
(Imprimé en Italie)